塔塔尔族

翟振武 主编

马尔甫娃·阿巴斯 苗东霞/著

中国人口出版社
China Population Publishing House
全国百佳出版单位

图书在版编目（CIP）数据

塔塔尔族/马尔甫娃·阿巴斯，苗东霞著．—北京：中国人口出版社，2014.7（2022.7重印）
（中国少数民族人口丛书）
ISBN 978-7-5101-2670-3

Ⅰ.①塔… Ⅱ.①马… ②苗… Ⅲ.①塔塔尔族—民族文化—中国 Ⅳ.①K284.2

中国版本图书馆CIP数据核字（2014）第154373号

中国少数民族人口丛书　塔塔尔族
ZHONGGUO SHAOSHU MINZU RENKOU CONGSHU　TATA'ERZU
翟振武　主编　马尔甫娃·阿巴斯　苗东霞　著

责任编辑　张宏文
美术编辑　刘海刚
责任印制　林　鑫　王艳如
出版发行　中国人口出版社
印　　刷　北京兴星伟业印刷有限公司
开　　本　710毫米×1000毫米　1/16
印　　张　7.25　插1
字　　数　99千字
版　　次　2014年7月第1版
印　　次　2022年7月第2次印刷
书　　号　ISBN 978-7-5101-2670-3
定　　价　32.00元

网　　址　www.rkcbs.com.cn
电子信箱　rkcbs@126.com
总编室电话　(010) 83519392
发行部电话　(010) 83510481
传　　真　(010) 83538190
地　　址　北京市西城区广安门南街80号中加大厦
邮　　编　100054

序

如果把一个民族比作一颗星星，那我们就是生活在一个繁星满天的世界。当今世界上有约 3000 个民族，分布在 200 多个国家和地区，绝大多数国家由多个民族组成。中国也是同样，是由各族人民共同缔造的统一的多民族国家。在漫漫的历史长河中，生活在中华大地上的各族人民密切往来、交流融合、团结奋斗、休戚与共，形成了一个伟大的强盛的中华民族大家庭，共同开发了祖国的美好河山，共同推动了国家的发展和社会的进步。

在中华民族的大家庭中，有 56 个成员，其中有 55 个是少数民族。新中国成立以来，少数民族人口一直持续增长。1953 年第一次全国人口普查时，少数民族人口总数为 3532 万人，占全国总人口的 6.1%。2010 年进行第六次全国人口普查时，少数民族人口总量达到了 1.14 亿，几乎是 1953 年的 3 倍，占到了全国 13.4 亿人口的 8.5%。各少数民族人口数量相差较大，如壮族有 1693 万人，回族 1059 万人，满族 1039 万人，维吾尔族 1007 万人，而赫哲族只有 5354 人，塔塔尔族 3556 人，独龙族 6930 人。中国各民族的人口分布呈现大散居、小聚居、交错杂居的特点。汉族地区有少数民族聚居，少数民族地区也有汉族居住；许多少数民族既有一块或几块聚居区，又散居全国各地。中国少数民族聚居区大都地广人稀，资源富集。少数民族地区的草原面积，森林和水力资源蕴藏量，以及天然气等基础储量，均超过或接近全国的一半。全国 2.2 万多公里陆地边界线中的 1.9 万公里在民族地区。全国的国家级自然保护区面积中民族地区占到 85%以上，是国家的重要生态屏障。中国各民族的起源和经济、社会、文化的发展有着本土性、多元性、多样性的特点，五彩缤纷，丰富多彩。

要全面认识中华民族，就要从认识每一个民族开始。正是从这个理念出发，我们编写了这套《中国少数民族人口》大型系列丛书，力图从历史、文化、经济、社会等各个方面，用准确、科学、生动的语言，全方位描述和展现各少数民族灿烂辉煌的历史和现状，编织出一幅绚丽多彩的中华民族大家庭的“全家福”。

编写这样一套大型系列丛书，难度非同一般。几经论证和深入研讨，最终形成了编写大纲，这套丛书各个分卷的作者绝大多数由少数民族作家担任，他们不仅熟悉自己民族的历史和文化，而且对本民族有深厚的感情。在国家新闻出版总署、国家人口计生委和中国人口出版社的大力支持下，作者们历经数年，几易其稿，终成此书。值此丛书出版之际，我们衷心地祈愿这幅“全家福”能为民族的交流和团结，为中国的文化建设，为整个中华民族的繁荣昌盛，作出一份微薄的贡献。

翟振武

2012 年 5 月于北京

PREFACE

Every nationality sparkles like a star in the firmament. Now we have about 3000 stars distributed across the world in more than 200 countries, most of which are multinational. So is China, which consists of a number of nationalities. For centuries, all the nationalities have lived together, worked together and fought together, making China a prosperous unified multinational country.

Of all the 56 nationalities in China, 55 are minorities whose population has been increasing since the founding of The People's Republic of China. According to the first census in 1953, the minority population was about 35. 32 million, accounting for 6. 1 percent of China's total population. By 2010, the number had almost tripled. According to the sixth census, the population of the minorities amounted to 114 million, making up 8. 5 percent of the 1. 34 billion people in China. The population size of minority groups varies a lot. Some of them have a large population, for example, the Zhuang Nationality has a population of 16. 93 million; the Hui has 10. 59 million people and the Manchu consists of 10. 39 million people. Some of the minorities are quite small, such as the Hezhe, the Tatar and the Drung nationalities, which have populations of 5354, 3556 and 6930, respectively. China's nationalities live together over vast areas with some living in individual, concentrated communities in small areas.

Some minorities'concentrated communities are scattered among the Hans, and some Han people also live in the minority communities. Some minorities may have one or more concentrated communities, while their people spread all over the country. Most minorities'concentrated communities have their people sparsely distributed in large areas with abundant resources. The grassland, forest, water and natural gas reserves in areas inhabited by minority people account for about half of China's total. Further, 19 000 kilometers of the nation's 22 000-kilometer land boundary are in minorities'communities. In addition, 85 percent of the country's state-level natural reserves are in the minority areas, making the people important guardians of China's ecology. Each of the nationalities'origin is unique, and their development of economy, society and culture is full of variety.

Only by learning every aspect of the minorities'lifestyle can we have a comprehensive understanding of the Chinese nation. Under this notion, we write this series of books on the Population of China's Minorities to provide a detailed picture of our Chinese nation, with the glorious past and prosperous present of the country's minorities.

It is through trials and tribulations that we write this spectacular series of books. Most of the authors, who have profound knowledge of the minorities and wrote the books with their strong emotions, are members of minority groups. With the great support of the National Publication Foundation, the National Population and Family Planning Commission and China Population Publishing House, the authors completed the books after years of unremitting endeavor.

On the publication of this series of books, we are looking forward to seeing these books contribute to the unity of the Chinese nation and help our country flourish in the future.

Zhenwu Zhai
Beijing
May 2012

目录

Contents

综　述

我国56个民族之一的塔塔尔族，是一个只有3556人的少数民族，主要聚居于我国新疆维吾尔自治区伊犁、塔城、阿勒泰、乌鲁木齐、昌吉等地。这个结束颠沛流离、辗转四方、历经无数坎坷岁月的民族，于中华人民共和国成立之年，成为了我们祖国民族大家庭中的一员。从此，塔塔尔族的历史翻开了崭新的一页。

“塔塔尔”（Tatar）这一族称早在8世纪便已经出现了。据记载，它是突厥汗国统治下的一个部落名称。汉文史籍中有不同的译名——“达怛”、“达旦”、“达达”、“鞑靼”等。突厥汗国衰亡后，鞑靼逐渐成为强大的部落。15世纪时成为喀山汗国的主要居民。19世纪初叶以后，伏尔加－卡玛河流域的一些塔塔尔人不堪忍受沙俄封建领主的压迫，他们历经长途跋涉迁徙到我国新疆。长久以来，塔塔尔族以无穷的智慧和辛勤的劳动，与各族人民一道共同营造了新疆这片美丽的家园。

大山铸就了民族的魂魄，河水滋养了民族的胸襟。生活在我国西北边陲的塔塔尔族，这个有着欧洲血统的民族，在与我国突厥诸民族的发展融合中，兼容并蓄，在漫长的岁月里，创造了灿烂的文化，形成了独具魅力的文化特点。塔塔尔族深厚的文化底蕴、独特的文化内涵、淳厚的民俗风情、骄人的辉煌和繁荣，使她宛若镶嵌在祖国西北

大地上一颗璀璨的明珠熠熠生辉。

这是一个热爱诗歌的民族。就像人们所赞誉的“有诗歌的地方就有塔塔尔人”。塔塔尔诗人创作了许多脍炙人口的诗作，丰富多彩的诗歌都是现实主义与浪漫主义相结合的优秀作品。它们以崭新的艺术风采，曲折感人的情节，性格化的人物形象，优美精炼的语言，清新酣畅的风格表现了深刻的主题。这些诗歌多以爱国主义、反对封建统治阶级压迫、争取自由解放和热情歌颂劳动人民为主题，翔实地表现了塔塔尔人民深受痛苦的情景，深刻地揭露和鞭挞了剥削阶级，热情歌颂了劳动人民，表达了诗人渴望国家解放、人民自由的强烈愿望。还有的是通过爱情婚姻问题来反映社会现实斗争的爱情长诗，它们的主人公都为争取婚姻自由与幸福同封建礼教及婚姻制度进行不屈不挠的斗争。此外，还有反映民族风情和阐发哲理与伦理的诗歌。其中不乏经世名著。

这是一个能歌善舞的民族。人们说塔塔尔人“会说话就会唱歌”，“会走路便会跳舞”。特殊的生产方式和历史传统，造就了塔塔尔人民能歌善舞的特点。唱歌是人们生活的一部分，他们在喜庆的日子里唱歌，在生产劳动中唱歌，亲朋好友聚会也要唱歌，他们用歌声表达自己的感情，用歌声讲述历史。塔塔尔族的舞蹈融俄罗斯族与突厥诸民族舞蹈之特点热情奔放、刚健有力，同时又细腻含蓄、舒展稳重，以诙谐、爽朗、明快、憨厚见长，其表现力极为丰富，表演形式也多种多样，可以一个人或很多人一起表演。表演者一曲终了，或在中间停顿时，可随意邀请在场的任何一个人出场表演，受邀者一般都要出场表演。气氛热烈时，观众鼓掌或打口哨，为之喝彩。每逢节假日人们都要尽情地欢歌起舞，如痴如醉。

这又是一个热爱生活、富有生活情调的民族。他们穿衣着装特别讲究干净整齐、色彩搭配适宜，即要与性别、年龄、职业、气质以及季节、场合等相符。衣服不管新旧与式样，洗干净后一定要熨烫才穿，甚至连床单、被套、窗帘使用前都要熨得平平整整。因为塔塔尔人认为，一个人的穿戴与其对人生的态度、个人修养等有关。

塔塔尔人也很讲究住房布置与环境美化，无论是牧区的毡房，还是林区的木屋，亦或是城镇的庭院，墙壁粉刷得雪白，门楣镂刻着传统图案，美观大方，典雅别致。他们喜欢在自己的屋前屋后种植各种各样的花草树木，不少家庭院内还有果园，每当百花盛开和水果成熟的季节，院里到处飘散着扑鼻的芳香。夏秋季节，亲朋好友们常常聚在庭院里品尝水果，轻歌曼舞，那种自然悠闲的田园气氛实在是让人陶醉。

一方水土养一方人，一族饮食代表一方文化。塔塔尔族饮食既与维吾尔、哈萨克等民族有共同之处，又有其独具特色的传统饮食及习俗，形成了塔塔尔族自己的饮食文化特点：琳琅满目的糕点就像“天上的星星数也数不清”，这些糕点不但造型美，而且色、香、味俱佳。塔塔尔人很注意养生之道，餐餐不离果酱、蜂蜜、奶油，餐后则喝自制的各种饮料，也吃干鲜果品。

塔塔尔人除擅长烹饪技艺烹调五味之外，还把对事对人、对生活的美好愿望融于饮食中，使饮食成为一种情愫，如婚礼中倾注着长辈无限爱意的“女婿馄饨”，是女方家专门为女婿准备的。它做工之细、用料之精、味道之美自不必说，单是那玲珑剔透的馄饨一个个只有1厘米见方这一点，就够令人惊叹的了。

塔塔尔人善于在餐饮过程中营造一种美的氛围：厨房餐厅环境美、色彩美；各种饮食造型美、味道美；餐桌上敬老爱幼，融融洽洽，语言美、行为美。让人在视觉、味觉、嗅觉和心理上同时获得美感，使得生理的舒畅与心理的愉悦统一起来。

这是一个有着神圣宗教信仰的民族。虽然人口较少，居住又较分散，但其内心世界很丰富，即心灵结构中的精神非常富足，不管他们在哪里，都有一种心灵沟通的方式，即相逢互道“阿斯撒拉姆艾莱库姆”（愿真主使您健康），彼此间关系马上就很亲近，心心相印。这都与他们有着坚定的精神信仰有关。

塔塔尔族在信仰伊斯兰教之前，有过自然崇拜、图腾崇拜，也信仰过萨满教。认为世间的一切都由神灵来主宰。沟通世人与神灵的使者就是“萨满”，即巫师。至今，在塔塔尔人的风俗中偶尔还能见到历史遗留的萨满教的残存。9 世纪塔塔尔族皈依伊斯兰教后，坚持六大信仰。即信安拉、信使者、信经典、信天使、信死后复活、信前定。他们严格遵守着五项宗教功课，即念“清真言”、礼拜、斋戒、天课、朝觐。每天要做五次礼拜，特别是每周五在清真寺的“主麻”礼拜是一定要参加的。在肉孜节、古尔邦节等节日之际，都要去参加隆重的“会礼”活动。他们严格恪守伊斯兰教教规，不仅仅是在重大节日、婚丧嫁娶、清真寺礼拜中，在日常生活中也遵守伊斯兰教规，塔塔尔人已把这些视为自己生命中重要的组成部分，并且已经成为生活中的习惯。

这是一个崇尚礼仪的民族。每一个民族的习俗礼仪都凝结着本民族群众的感情。因此，它是一首诗，也是一首歌。塔塔尔族为人忠厚、热情、谦让、礼貌，在人际交往中很讲究礼仪。他们尊老爱幼，以礼待人，和睦相处。塔塔尔族对语言行为有一套传统的礼仪规范和处事规则。他们用这些礼仪和规则衡量、评判人的道德，也用这些礼仪教育子孙后代。所以，塔塔尔人从小就养成了尊老、尊客、善解人意、恭敬从事、礼让为先的传统习惯。

这是一个全民重视教育的民族。塔塔尔族是我国少数民族中人口较少的民族之一。这个人口数量不多的民族却创造了举世瞩目的成绩：在 56 个民族中平均受教育年限居于全国之最；高级知识分子所占人口比例也位居全国之首；“两多一无”，即专家多、教师多，全民无文盲。纵观其历史，我们不难看出塔塔尔族教育程度普遍高的原因：一是具有重视教育的优良传统，塔塔尔先民很早就开始了家庭教育；二是资本主义工业革命的影响，使一度曾无权受教育的塔塔尔族恢复了教育，各种技能的人才得到重用，各种学科的知识受到重视；三是宗教方面的影响，由于塔塔尔人的宗教信仰和生活习俗与维吾尔族、哈萨克族相同，因此通晓哈萨克语、维吾尔语的语言优势使塔塔尔人很适合做教师；四是重视对女子的教育，塔塔尔人在历史上就很重视对孩子的教育，尤其是对女孩子的教育。他们认为，母亲是孩子的启蒙教师，是孩子终生的楷模，一个没有文化、没有教养的母亲，很难培养出有文化、有教养的后代。塔塔尔人还特别重视家庭教育，家庭教育包括：日常生活常识的教育、品行教育、生产劳动技能的教育和母语传承的教育。重视教育、崇尚知识使得塔塔尔族这个优秀的民族文化认同感、民族归属感、母语保护意识都非常强烈，因而能使本民族的传统文化得以保护和不断传承。

穿越历史的时空，我们可以清楚地看到一个民族的兴衰同国家的命运紧密相连。伴随着中华民族伟大复兴的脚步，塔塔尔人民必将创造新的历史辉煌。透过历史的烟云，我们可以深刻地领悟到，一个民族的生存发展都离不开精神力量的支撑。塔塔尔人民淳朴敦厚、热情豪放的性格，吃苦耐劳、坚忍不拔的品质，兼容并蓄、开放豁达的胸襟，在历史的长河中薪火相传，生生不息，是一笔非常宝贵的精神财富。我们坚信，塔塔尔族的明天将会更加美好。

第一章

我从伏尔加河畔来

塔塔尔族是我国55个少数民族中人口较少的民族之一，主要分布于我国新疆维吾尔自治区伊犁、塔城、阿勒泰、乌鲁木齐市、昌吉等地。

塔塔尔族是一个有着悠久历史和灿烂文化的民族。“鞑靼”是塔塔尔的不同译音，8世纪时即见于我国史籍，原为突厥汗国统治下的一个部落。突厥汗国衰亡后，鞑靼逐渐成为强大部落。15世纪时成为喀山汗国的主要居民。19世纪初叶以后，伏尔加—卡玛河流域的一些塔塔尔人历经长途跋涉迁徙到我国新疆。19世纪后期以来，随着俄国和新疆地区贸易的发展，不少喀山的塔塔尔商人以及一些宗教人士和知识分子陆续迁入新疆，成为我国民族大家庭中的一员。塔塔尔族不仅商贸事业异常活跃，而且英才辈出。历史上，塔塔尔族中产生过众多精通俄语、阿拉伯语、波斯语、塔塔尔语、维吾尔语、哈萨克语的大学者，有的在军政界供职，有的从事文化教育，有的投身宗教职业，产生了深远的影响。

新中国成立后，塔塔尔人的历史翻开了崭新的一页。在党和政府的关心下，塔塔尔族人的生活有了很大的变化。塔塔尔族虽属散居，但在其居住地区各级人民代表大会和国家机关中都有自己民族的代表

参加，体现了当家做主的精神。塔塔尔族干部迅速地成长起来。在社会主义建设的光明大道上，塔塔尔族有识之士、社会贤达、宗教界上层人物等和新疆各族人民一起积极投身于社会主义建设事业，为家乡的繁荣、祖国的强盛、民族的振兴做出了重要贡献。

党的十一届三中全会以来，在党和政府的亲切关怀下，塔塔尔族人奋发图强、自强不息，迎来了新的发展机遇，经济建设日新月异，文化事业全面进步，他们坚持科教兴族，繁荣民族文化。而今，塔塔尔人正以尊师重教、崇尚贤达、团结友爱、明礼诚信、好客厚道的崭新民族形象展现于世人面前，在新的历史时期谱写着新的历史篇章。

改革开放奏新曲，继往开来谱华章。塔塔尔族人正沐浴着西部大开发的春风，坚定地手挽手，与时俱进，开拓进取，必将谱写出更加辉煌的壮丽篇章。

现代塔塔尔族人　（吾米提·瓦里夫摄）

第一节　古老的传说

很久很久以前，遥远美丽的伏尔加—卡玛河流域生活着勤劳、勇敢、智慧而又明礼诚信、好客厚道的塔塔尔人。他们日出而作、日落而息，祥和安宁地生活着。19 世纪以后随着沙俄农奴主对土地的疯狂掠夺，塔塔尔人丧失了大量土地，塔塔尔人从此背井离乡，开始了颠沛流离的东迁生活。

在这支东迁队伍中，有四位年轻的塔塔尔男子，他们为人通情达理，好打抱不平，乐善济贫，所以大家都很敬仰他们。他们赶着成群的马、牛和羊，跋山涉水，穿越沙漠草滩，疲乏不堪地来到聚居着哈萨克族喀拉喀斯部落的阿勒泰额尔齐斯河流域。这里自然环境优越，气候温和，水草丰美，是游牧民族理想的驻牧地。于是他们在这儿安家落户，娶妻生子，繁衍后代，逐渐成为司马依勒、巴吾东、黑沙米丁和夏拉菲四个家族。这四个家族虽然势力渐强，但仍受到喀拉喀斯部落的欺压。为了摆脱喀拉喀斯部落的束缚，他们又举家迁徙，一路历尽坎坷磨难，饥饿和寒冷不断吞噬着他们的生命，最后终于来到了吉木萨尔和奇台县交界处的白杨河流域，他们在这儿燃起篝火，支起锅灶熬茶，总算安居下来了。生活在白杨河流域的这四个家族同以后又增加的两个家族成为现在奇台县、吉木萨尔县以及木垒哈萨克自治县塔塔尔人的主要家族源流。

水草肥美的白杨河流域，养育着这六个家族的塔塔尔人，同时也不断吸引着其他地方的塔塔尔人来此繁衍生息，人口逐渐增多的塔塔尔人就在河东、河西的大片土地和草场上从事着畜牧业生产，日复一日，年复一年。白杨河流域从此成了塔塔尔人相对集中聚居的区域①。

---

① 《塔塔尔族简史》编写组．塔塔尔族简史．民族出版社，2008：11.

1933年，白杨河流域的塔塔尔族为躲避盛世才白俄雇佣军的迫害，曾被迫逃往巴里坤县的沙尔乔克。1934年，他们返回白杨河。1945年，白杨河的塔塔尔族人又被迫赶着畜群，翻越天山，迁到吐鲁番境内。之后，他们来到达坂城过冬，但因积雪过厚，缺少饲草，只得赶着畜群又返回了白杨河。

新中国成立以后，白杨河的塔塔尔族终于结束了颠沛流离的生活。他们以放牧为主，兼营农业，饲养的牲畜有马、牛、羊、骆驼，生产的畜产品有肉、皮毛、奶等。种植作物有小麦、油菜、玉米、燕麦、甜菜、马铃薯等。村民们的生活水平有了很大的提高，正在向小康的目标迈进。近几年这里的交通条件也大大改善，以前的交通工具只能靠马驮或马拉车，路也是砂石路，而现在已修建了许多条能够通班车的公路，为村民们的出行提供了极大的便利。特别是近年来现代化的传媒和通信手段极大地丰富了人们的精神生活。

现在塔塔尔族在提高自身生活水平的同时，也逐渐从游牧生活转向定居生活，盖起了一排排具有民族风格的住宅，过上了安居乐业的生活。这里除塔塔尔族外，还生活着哈萨克、维吾尔、汉、回、乌孜别克、蒙古族等民族。塔塔尔族和周围各民族团结互助，和睦相处，共同建设着美好的家园。1989年7月，奇台县成立了塔塔尔民族乡，这是全国唯一的塔塔尔民族乡。

第二节　岁月悠悠溯源头

塔塔尔族是中华民族的一员。他们主要居住在新疆维吾尔自治区的伊宁、塔城、阿勒泰、乌鲁木齐以及昌吉回族自治州的奇台、吉木萨尔县。根据第六次全国人口普查数据显示，全国大约有塔塔尔族3556人。

新中国成立前，塔塔尔人多从事畜牧业生产。新中国成立后，我国塔塔尔族一部分散居于牧区从事畜牧业与养蜂生产，一部分散居于城市，大多从事教育事业。

“塔塔尔”（Tatar）这一族称早在8世纪便已经出现了。在732年的突厥鲁尼文《阙特勤碑》和735年的《毗伽可汗碑》记载中，它是突厥汗国统治下的一个部落名称[①]。汉文史籍中有不同的译名“达怛”、“达旦”、“达达”、“鞑靼”等。15世纪中叶，随着突厥的衰亡，喀山汗国兴盛，鞑靼逐渐成为强大的部落。其统治者利用人们惧怕蒙古人的心理，称自己为塔塔尔人。从此，喀山汗国附近的部落和居民称这个国家的居民为“塔塔尔”人。由此，“塔塔尔”这一族称固定下来并成为族名，沿用至今[②]。

塔塔尔民族主要是由古代保加尔人、钦察人以及突厥化的蒙古人等长期融合发展而形成的[③]。保加尔人原居住在中亚一带，后随匈奴人西迁到黑海以北，7世纪时分成五部，一部西迁到多瑙河下游地区，联合斯拉夫人打败了东罗马帝国的军队，建立了保加利亚汗国。另一支保加尔人北上到伏尔加河中游、卡玛河流域一带，称为伏尔加—保加尔人。成吉思汗西征后，伏尔加—保加尔人被成吉思汗的孙子拔都所征服。西征结束时，拔都在伏尔加河一带建立了钦察汗国（金帐汗国），其居民是保加尔人和操突厥语的钦察人。西征结束后，跟随拔都留下的少数蒙古人逐渐被周围的操突厥语的诸部落所同化，信奉了伊斯兰教。到了15世纪，突厥化的蒙古人和钦察汗国统治下的伏尔加—保加尔、钦察等操突厥语的民族改称“塔塔尔”，于是就形成了塔塔尔这个民族。

---

① 《塔塔尔族简史》编写组．塔塔尔族简史．民族出版社，2008：7.
② 《塔塔尔族简史》编写组．塔塔尔族简史．民族出版社，2008：7.
③ 《塔塔尔族简史》编写组．塔塔尔族简史．民族出版社，2008：11.

第二章

民族文化风韵独具

塔塔尔族有着悠久灿烂的民族传统文化，以其独有的艺术形式，折射出塔塔尔族的思想感情和审美心路历程。塔塔尔民族的祖先曾在丝绸之路上充当着东西方文明交流者和传播者的角色，他们不仅精通以伊斯兰教为主的各民族文化，而且了解其他民族的文化，又由于塔塔尔族民族文化与蒙古、俄罗斯、维吾尔、哈萨克等民族之间有着一定的历史渊源关系，因此形成了以本民族优秀传统文化为核心，兼收并蓄，同时汲取欧洲文化、新疆兄弟民族文化等其他民族文化的精华，文化底蕴深厚，风韵独具的民族文化特色。在漫漫的历史长河中，大量的神话传说、故事、谚语、歌谣、谜语等一代代流传下来，不仅有叙事长诗、爱情诗、小说、话剧、歌剧等书面文学，还有许多历史、文学、医学、宗教等方面的典籍。这些都是人类民族文化宝库中的重要组成部分。

第一节　有诗歌的地方就有塔塔尔人

在漫长的历史发展长河中，塔塔尔族人民创造了丰富多彩的文学作品和多种多样的艺术形式，尤其是诗歌更是璀璨耀眼。

名著《玉素甫与祖莱哈》是当时最早的一部爱情叙事长诗。此外，还有宗教劝诫性长诗《克斯克巴西》、《告诫众后生》。《玉素甫与祖莱哈》以及《克斯克巴西》和《克尼克遗训》等诗篇都是这一时期的代表作。

13～14 世纪，《胡斯热夫与西琳》、《爱情诗简》、《通向天堂之路》都是引人注目的著作。

13～15 世纪，又出现了《赫斯拉与西琳》、《比西凯尤里》等作品。当时，喀山城一度成为鞑靼文人的汇集之地。

15 世纪的诗人穆赫麦德雅尔写过不少各种题材的长诗和抒情短诗，作品中反映了保卫自己的祖国——喀山汗国，抵御沙皇侵略的思想。

17～19 世纪，塔塔尔人的文学事业发展到了鼎盛时期。19～20 世纪初叶，塔塔尔诗坛涌现出一批重要诗人和作品。其中，阿不都拉·托哈依是最为杰出的代表，塔塔尔文学的奠基人。他生于 1886 年，仙逝于 1913 年。他的代表作有《故乡之歌》、《秋风》、《风暴》、《塔塔尔姑娘》、《妇女解放》、《如果是你的话》、《啊，爱情》等。他的诗歌，多以爱国主义、反对封建统治阶级压迫，争取自由解放和热情歌颂劳动人民为主题，翔实地表现了塔塔尔人民深受痛苦的情景，深刻地揭露和鞭挞了剥削阶级，热情歌颂了劳动人民，表达了诗人渴望祖国解放、人民自由的强烈愿望。如：

屋外寒冷，风雪交加，
屋顶苇草被刮得凌乱如麻，
雄鹰无法翱翔高空，
你却毫无忧虑，舒适地躺在家。

这首短诗，语言优美精练，寓意深刻。无情地揭露剥削阶级过着

锦衣玉食、坐享其成、不劳而获、醉生梦死的生活，对比鲜明。他的诗作对中亚各突厥民族的文学艺术都有重大影响。

塔塔尔族诗人的作品，在草原、沙漠、雪山的滋润下，洋溢着民族的、时代的气息。有的从侧面对黑暗进行揭露；有的从哲理高度对黑白进行分辨；有对坚贞爱情的高歌；有对乡土的眷恋；有对时弊的抨击。形式多样，语言优美精练，若行云流水，旋律动人。风格清新，情景交融，河川、风雪、雪山、沙漠、云路、天鹅、雄鹰等，这些西北特有的景致和动物宛如优美的音符，在诗中时起时伏，色彩缤纷，从而形成了塔塔尔族特有的乐章。

在塔塔尔族文学艺苑中，还有一位大师不能不提，他就是库尔班·艾力·哈里迪。库尔班·艾力·哈里迪生于1846年，仙逝于1913年，以其宏篇史学巨著——《东方全史》成为塔塔尔族著名的文学家、历史学家。《东方全史》是他在新疆用塔塔尔文写成，并于1910年在喀山出版的著作。这是一部具有文学价值的重要著作，也是一部研究中世纪及近代中亚各地各民族历史的珍贵史料。全书共十二章。作者较客观地评述了中世纪及近代中亚各地社会历史的一系列问题；详细阐述了哈萨克、乌孜别克、吉尔吉斯、蒙古等民族的族源、历史等，并详细记述了新疆、中亚地区山川地名的来历、重大历史事件和社会现象以及许多天文地理知识。内容涉及语言、文学、天文、地理等学科领域，是研究新疆及中亚的重要史籍。

在新疆塔城长大的塔塔尔族知识分子库尔班·艾力·哈里迪，学识渊博，精通突厥语族各种语言及察哈台文、波斯文、阿拉伯文，曾游历中亚，对波斯文、阿拉伯文史籍进行过认真的考证。他的父亲长期游历经商于中亚地区，见证过18世纪下半叶至19世纪上半叶中亚的重大历史事件。再加上作者从察哈台文、波斯文、阿拉伯文史籍和民间资料中精选出了许多史料，并从历史事件的当事人或目击者那里取得了大量的第一手资料，因而使得《东方全史》的内容非常丰富，历史价值弥足珍贵。该书曾于1910年分别以塔塔尔和乌孜别克文出版，现已有维吾尔文等版本问世。

塔塔尔族人民还创作了许多优美的民间故事，如《幸福》、《聪明的姑娘》、《失去亲妈的姑娘》等。《幸福》一文短小精悍，寓意深刻，用生动形象、明快简洁的语言表明幸福与勤劳是一对孪生子。《聪明的姑娘》是一则“长工与地主型”的生活故事。它通过卖柴姑娘“以其人之道还治其人之身”的办法进行“合法”斗争，令巴依“自食其果”，整治、捉弄了巴依，最后取得胜利的动人情节，赞扬了劳动人民的勤劳、智慧和斗争精神，嘲讽了地主阶级的贪婪本质。《失去亲妈的姑娘》是一则记述一个小姑娘遭受后母虐待的故事，风格深沉细腻，是“孤儿型”故事中的一篇佳作。故事讲述了小姑娘失去了亲妈，父亲又为她娶了个后妈，后妈带来了自己的儿女。她对自己的孩子特别好，却百般虐待那个失去亲妈的小姑娘，不给她吃，不给她穿，尽让她干重活脏活，甚至想把她骗到森林中去杀死。但是纯洁善良的小姑娘得到牧马人、放牛人和牧羊人的帮助，遇到了一个会施魔法的老妈妈，老妈妈给了她一只绿色的宝箱，最后小姑娘得到了幸福。而心地狠毒、贪财懒惰的后妈及其儿女却被大黑蛇缠死了。故事对被欺凌的弱者给予了深切的同情，从一个侧面表现了旧社会的矛盾。

塔塔尔族人很早就接受了欧洲各国文化，并将其与本民族文化有机地结合在一起，融合形成一种新的文化。在新疆各民族中，塔塔尔族的戏剧艺术发展很早。20世纪30年代初期，就已组建了塔塔尔剧团，在伊宁、塔城、乌鲁木齐等地巡回演出。《巴什玛格木》、《可爱的人》、《哈丽亚巴诺》、《逊干尤里吐孜》、《短工艾合买提》、《塔伯里迪克》、《为了他人》等塔塔尔话剧的演出，受到群众的称赞。戏剧艺术剧团演出的剧目大多以男女爱情为题材，通过它揭露了封建主义的罪

恶，歌颂了青年男女忠诚的爱情，这些剧目都深受各族人民的欢迎。《短工艾合买提》是一部很受欢迎的讽刺喜剧，主要描写艾合买提夫妇如何巧妙地把那些污辱、调戏妇女的坏蛋弄得哭笑不得的内容。它不仅狠狠地打击了当时社会上的歪风邪气，而且热情地歌颂了劳动人民的纯朴与智慧。

新中国成立以后，塔塔尔族的文化事业发展很快。从 20 世纪 70 年代开始，有关部门着手收集、整理塔塔尔族的民间文学，新疆维吾尔自治区古籍办还专门设立哈萨克－塔塔尔古籍组，开展对塔塔尔族古籍的搜集、整理、出版、规划的工作。著名史学家、作家库尔班·艾力·哈里迪的《五卷史集》、哈日甫拉·尼肯也夫的《塔塔尔族民歌集》、热孜亚·艾力优娃搜集整理的《塔塔尔族民间故事》及法丽达·艾力优娃和热孜亚·艾力优娃、王志收集整理的《塔塔尔民间歌曲选》等书籍都已正式出版。

塔塔尔族是天才的诗歌民族，平日里曲不离口，出口成章，而且语句优美，朗朗上口，韵调悦耳。塔塔尔族中流传着这样一句话："有音乐和诗歌的地方就有塔塔尔人，塔塔尔人生活的地方一定有音乐和诗歌。"它形象地反映了诗歌、民歌在塔塔尔族人民中的地位。在塔塔尔族的诗歌民歌数量蔚为可观，它能表现劳动和生活的一切领域。塔塔尔民歌按其内容、演唱场合，大致可以分为摇篮歌、情歌、婚礼歌、生活歌、劳动歌、颂歌、游戏歌等，其构思精巧、手法新颖、别具一格。这些凝聚着塔塔尔族人民丰富想象力、艺术创造力和审美情趣的智慧结晶，滋养丰富着塔塔尔人的精神生活。他们耳濡目染，继承发展，延续至今，已成为塔塔尔人日常生活中不可或缺的组成部分。

民歌源于劳动，劳动又充实丰富了民歌的内容。人们在从事生产时所唱的劳动歌，其内容有固定的，也有一些是即兴演唱的。有些与生产劳动直接相关，也有的是间接相关。如下面这首劳动歌：

就像鸟儿翱翔在天空，
我们的生活多么自由；
就像马儿奔驰在草原，
我们的生活多么快乐；
辛勤劳动能创造一切，
我们的生活多么幸福。

这首歌是塔塔尔族小伙子手握冬不拉、边弹边唱，妇女们边劳动边合着冬不拉的曲调节奏而演唱的，反映了塔塔尔人一边劳动、一边歌舞的热闹场景。

生活在美景如画的草原上的塔塔尔人放牧、运输、远行，甚至是生活上都离不开马。他们以善骑骏马为荣耀，这种爱马、爱草原的情怀也反映在他们的歌声中。民歌《鹅膀》这样唱道：

天鹅的翅膀层层叠叠，
男人的翅膀是骏马。
久居异乡的土地啊，
故乡也会陌生遥远。
用那美丽的鹅羽毛，
写出的字多么漂亮。
我们的歌喉多么美妙，
唱出的歌儿多么悠扬。
天鹅拍动那有力的翅膀，
正当那黎明的好时光。
情人们都愉快地歌唱，
歌声响彻了草滩上。

塔塔尔族情歌尤为丰富，多表现青年男女爱情。其特点是抒情细腻，形象，善于比喻，使人听后如闻其声，如见其人，有一种强烈的优美感。如《你的眼睛》、《梦中见到了你》、《姑娘的心愿》、《树上的夜莺在歌唱》等，情深意挚，蕴藉含蓄，深为人们所喜爱。如下面这首情歌：

我挥动着弯月般的镰刀，
镰刀上明媚的阳光闪耀；
为了把镰刀磨得更锋利，
我来到有泉水的山坳。

我在泉边磨着弯弯镰刀，
眼睛望着远处那座小桥；
是谁挥手帕向我召唤，
迎着我在不停地奔跑。

我的心止不住地乱跳，
不留神没有抓住镰刀，
哎呦，镰刀割破了右手，
只痛得我又喊又叫。

唉，年轻的小伙子哟，
看见我疼得又喊又叫，
举着我的手唉声叹气，
急得他不住地跺脚。

歌里把年轻姑娘急切要见到情人以及见面时那种慌乱的心情描绘得惟妙惟肖。歌的结尾又细腻地描摹了小伙子的神情动作，加深了这首歌的感染力。又如《思念》这首情歌把少女思念情人的急切心理表达得淋漓尽致。曲调优美流畅，节奏舒缓，表达情感细腻温婉，具有真挚感人的艺术特色。歌中唱道：

我采到一束美丽的鲜花，
用心地插在你走来的路上。
但愿你每天清晨路过时，
能朝这鲜花望一望，请欣赏。
和煦的微风轻轻地吹来，
珍珠般的露珠在草叶上滚着，
每当夜深人静的时候，
苦苦思念你——心中的人儿。
每当那黎明快要到来的时候，
我就匆忙起床，
仔细围好你给的那条纱巾，
急切地等你来到我身边。

另一首情歌《美丽的姑娘》，则表达了小伙子对一见倾心的姑娘的思慕之情。歌中这样唱道：

美丽的姑娘，
你在何方？
只见你一面，
就把你难忘。

美丽的姑娘，
你在何方？
你的大眼睛，
是否还那样明亮？

美丽的姑娘，
你在何方？
无论走到哪里，
我都要把你娶上。

也有的情歌表达了小伙子单恋姑娘，却又不敢贸然直接向姑娘表达爱情，只能是且行且揣测的那种矛盾复杂的心理，如下面这首情歌：

先看看水的深浅，
再去脱你的皮靴。
先探探姑娘的口气，
然后再掏出你的心。

先看看天气的阴晴，
再说是不是出门上路。
先听听姑娘的口气，
然后再送给她金戒指。

还有一些情歌反映了封建包办婚姻给年轻人所带来的痛苦，倾诉着他们渴望婚姻自由的心声。如下面这首《送别歌》，诉说在封建婚姻制度摧残下，姑娘被迫与自己心上人分离时的哀怨：

我恨窗前那排柳树，
它把我的目光挡住，
你默默无声地走了，
我真想要放声痛哭。

我恨那条弯曲小路，
它把你的身影遮住，
你默默无声地走了，
身后留下一烟尘土。

我恨山下迷蒙大雾，
它把天地全都封住，
你默默无声地走了，
给我留下一串串泪珠。

塔塔尔族民歌内容丰富多彩，有传统的、经过锤炼而流传下来的歌词，也有触景生情、随口而出的即兴之作。下面这首歌是由塔城迁到伊犁的塔塔尔群众唱的一首怀念故乡的歌谣：

像洁白的天鹅一样，
扑打着矫健的翅膀，
当我思念你的时候，
匆匆忙忙地飞回故乡。

蓝天上的白天鹅哟，
千万别折断翅膀，

当你飞晕了的时候，
请憩息在清澈的湖上。

蓝天上的白天鹅哟，
你的脖颈又细又长，
即使他乡遍地都是黄金，
你也终日翘首惦望家乡。

一些民歌不仅在塔塔尔族广为流传，而且在新疆其他民族中也流传很广，享有盛誉。如民歌《巴拉米斯肯》早已成了新疆地区的流行歌曲，凡是婚礼、节日都普遍吟唱。此外，《天鹅进行曲》、《白杨河边》、《那冈》等民歌也为新疆各族人民所喜爱，不少民歌已成为新疆地区的流行歌曲。

第二节　能歌善舞的塔塔尔人

塔塔尔族是一个热爱艺术的民族，他们热情奔放，能歌善舞。那首曾流淌在许多中国人心里的歌——《在银色的月光下》，就来自塔塔尔人的民谣。歌中唱道：

在那金色沙滩上，洒着银白的月光，
寻找往事踪影，往事踪影迷茫。
往事踪影迷茫，犹如幻梦一样，
你在何处躲藏，背弃我的姑娘？
我骑在马上，箭一样地飞翔，
飞呀飞呀我的马，朝着她去的方向。

他们用自己独特的乐器奏响生活的旋律。塔塔尔族的乐器种类繁多，主要的民族乐器有"库乃"、"库布兹"和"巴拉莱卡"等，目前使用较广的有手风琴、七弦琴、曼佗林、吉他、小提琴等。唱歌、跳舞时多用手风琴、曼佗林伴奏。与其他使用手风琴的民族不同的是，他们在手风琴的键盘上装上了更适合本民族演唱特点的按键。

库拉依是塔塔尔民族民间吹奏乐器，它音色低沉，情调悲伤，声音低回哀怨，如泣如诉，常用于吹奏哀怨凄凉的古代传统乐曲。

塔塔尔族传统民歌如《白天鹅进行曲》、《思念》、《送别》、《艾比帕》、《尕帕克》等用不同的乐器演奏，风格迥异，各具特色。演奏悲痛曲调时，声音低回哀怨，如泣如诉；演奏欢快曲调时，声音明快热烈，高昂奔放，震撼人心；演奏抒情曲调时，又如同湖上明月高照，湖面轻舟荡漾。

民族民间舞蹈是一个民族在长期历史发展中形成的，属于各民族群众自娱性的艺术，在自娱中体现人类的自我生命价值，沟通人际间的纯真情感，是民族生活方式的集中体现，也是民族传统文化的生动展示，是民族历史的活化石。

塔塔尔族男女老少每逢喜获丰收、盛大节日、亲朋好友相聚时，都要载歌载舞进行欢庆。能歌善舞是一件十分荣耀的事，能歌善舞的人会受到特殊的尊敬。这种传统文化的因素，是形成能歌善舞特点的深厚文化基础。

塔塔尔族的民族民间舞蹈是体现塔塔尔民族精神和加强民族之间亲近感的重要纽带，也是构建民族地区和谐社会的重要窗口。塔塔尔族舞蹈活泼、开朗、欢快，它兼收并蓄了维吾尔、俄罗斯、乌孜别克等民族舞蹈的特点，又具有自己独特的风格。其舞蹈特点是：动作灵活，活泼多变、热情奔放。男子多腿部动作，女子多手部和腰部动作。舞曲一般都节奏鲜明，轻松愉快。音乐旋律和舞蹈形象都十分优美感

能歌善舞的塔塔尔族　（吾米提·瓦里夫摄）

人。踢踏舞是塔塔尔族最具代表性的舞蹈，居住在新疆塔城、伊宁等地的塔塔尔族人都喜欢跳这种舞蹈。一般先由一人或几个人随音乐节拍领舞，随后互相邀请形成分组对舞。踢踏舞节奏感很强，男子有时伴有拍手、拍胸、拍肩、拍腿的动作或叉腰碎点步、大蹲，跳换伸腿等动作。女子边跳边晃头巾或手帕，围观的人也边拍手边吹口哨。踢踏舞这种舞蹈常用手风琴、曼佗林等伴奏。

塔塔尔族舞蹈具有广泛的群众性，民间舞蹈多在喜获丰收、欢度节日、朋友聚会、劳动场地上即兴表演，形式多样，可以一个人或很多人一起表演。表演者一曲终了，或在中间停顿时，可随意邀请在场的任何一个人出场表演，凡受邀者，一般都要出场表演。气氛热烈时，观众鼓掌或打口哨，为之喝彩。有时在节日喜庆时人们还举行舞蹈比赛，特别是每年春天举行的盛会——“撒班节”，即犁头节，他们总要选择一个风景如画的地方，男女着盛装，带着乐器汇集到一起，相互祝贺，边歌舞边欣赏春天的美景，人们尽情地欢歌起舞，如痴如醉。

塔塔尔人个个能歌善舞。在新疆，不管哪个民族，只要举行庆典和婚礼，都少不了演奏塔塔尔族乐曲，唱塔塔尔族民歌，跳塔塔尔族舞蹈。塔塔尔族歌舞曲旋律流畅华丽，开始速度适中，以后渐渐加快，情绪也随之渐趋热烈，当热烈气氛达到一定程度时，往往伴随着大声呼喊和口哨，把欢快的情绪推向高潮。这些歌舞曲大都是抒发内心丰富情感和表达爱情的，因而人们称塔塔尔族是新疆兄弟民族喜庆日子和文艺活动中的明星。

塔塔尔族人人能歌善舞，也造就了许多有名的明星。例如，有“新疆百灵鸟”之美称的法丽达·艾里优娃，作曲家木哈买提·阿布都卡德尔先生和舞蹈家左哈拉·莎赫玛依娃女士等。

法丽达·艾里优娃女士任小学教师期间，积极组织师生开展现代文艺活动，举办现代文艺晚会和国际交谊舞表演会。她应邀参加维吾尔歌剧团、哈萨克歌剧团、塔塔尔歌剧团演出活动，用维吾尔语、哈萨克语、塔塔尔语表演各种角色。她参加塔塔尔剧团演出，在《难得的情人》、《佳米拉》、《短工艾合买提》、《巴什玛格木》等剧目中扮演女主角，用塔塔尔语表演；参加维吾尔剧团演出，在《艾热甫与赛乃姆》、《婀娜尔汗》剧目中扮演女主角赛乃姆、婀娜尔汗角色，在《热比娅与赛伊丁》、《卖货郎》剧目中扮演女主角，用维吾尔语表演；参加哈萨克剧团演出，在《玉帛姑娘》剧目中扮演女主角，用哈萨克语表演。她用各种语言的演出都非常成功，颇受各族观众热烈欢迎，并产生了极大影响，获得了“新疆百灵鸟”之美称。

木哈买提·阿布都卡德尔，历任伊犁哈萨克自治州歌舞团演奏员、作曲、编导，伊犁哈萨克自治州文化艺术研究室任二级作曲。木哈买提先生是中国音乐家协会会员、中国音协新疆分会理事。已发表（包括被歌舞团演唱、演奏）歌曲和乐曲百余首。其中歌曲《故乡》获1990年全国“民族之声”歌曲征集活动二等奖；《草原花》1992年获

伊犁文联一等奖。他编辑出版了《塔塔尔民歌集》（汉文版）、《哈萨克民歌集》（一、二集）、《哈萨克儿童歌曲集》、《哈萨克族民间器乐斯布孜额简介及乐曲集》等。

左哈拉·莎赫玛依娃，1951 年参加了中国人民解放军，在新疆军区文工团从事舞蹈工作，后调总政歌舞团为独舞演员。她历任中国文联第四届委员，中国舞蹈家协会第三、第四、第五届理事，全国少数民族舞蹈协会理事，中国对外友协亚、非、拉分会会员等。因成绩突出，1979 年获全国“三八红旗手”称号。

左哈拉的表演热情奔放，动作细腻流畅，艺术上精巧严谨。曾自编自演新疆各民族舞蹈十余个，其中《纱巾舞》、《铃舞》、《手鼓舞》、《植棉姑娘》、《萨巴依舞》、《盘子舞》等曾分别获得第二、第三、第四届中国人民解放军文艺会演优秀演出奖和优秀表演奖，第一届全国单、双人舞比赛优秀演员奖，第六届世界青年节银质奖。获罗马尼亚政府金质勋章、波兰政府金十字勋章、捷克斯洛伐克政府伏契克奖章。独舞《牧鸭姑娘》获 1967 年全国单项舞蹈会演优秀表演奖。左哈拉先后到亚洲、非洲、欧洲十多个国家和地区访问演出和考察过。

第三节　民间工艺绽放异彩

新疆塔塔尔族民间传统美术包含的内容十分丰富，历史悠久。民间美术的传承人把他们的天赋和精湛技艺通过一代代人的传承和创新发展到了今天。

在中国传统的民族刺绣工艺中，塔塔尔族刺绣有着自己独特的工艺，相传已久。塔塔尔族妇女是刺绣的能工巧匠，她们个个心灵手巧，借助小巧的绣花针和五颜六色的丝线、棉线、金银线，在各色布料上飞针走线，绣出既经济实用又美观大方的各种日用品或装饰品。在过

去，几乎每一位塔塔尔族妇女都会刺绣。她们灵巧的双手，不仅在各种服饰上绣出令人赏心悦目的花纹，同时还在枕头、被单、床围、墙围、桌布、窗帘等室内物品上绣出多姿多彩的图案。姑娘出嫁的婚礼服，更是她们显露自己才能与智慧的天地，怒放的牡丹，含苞的杏花，飞舞的蝴蝶，成串的葡萄，皎洁的月亮……一切生活中美好的东西，都能在她们的手中变成完美无瑕的艺术品，散发出浓郁的传统艺术魅力。一方方图案，一朵朵花卉，无不表达着姑娘温顺、善良的性格和对新生活的美好希望与追求。她们将丰富多彩的自然界花形，在写实的基础上，通过高度的艺术提炼，概括、夸张为浓郁的乡土气息和强烈民族情趣的图案。常见的图案多为各种花卉草木造型，并大量运用几何图案，使图纹更富有变化。

塔塔尔族民间刺绣的工艺方法可分为：丝线手绣、丝线结绣、“十”字花绣、“米”字花绣、钩花刺绣、挑花刺绣、串珠片绣等。刺绣程序大多为：第一步是选料裁剪；第二步是画墨样；第三步是上绷子（绷子是用有弹性的竹子劈成片状后做成的可以调节大小的圆形环

塔塔尔族刺绣　（吾米提·瓦里夫摄）

圈）；第四步是刺绣。她们一般在枕头、帽子、头巾、手帕、床单、袖口、领口、衣襟上刺绣各种花卉草木，其结构大方，色泽明快，形象逼真，给人清秀美丽之感。

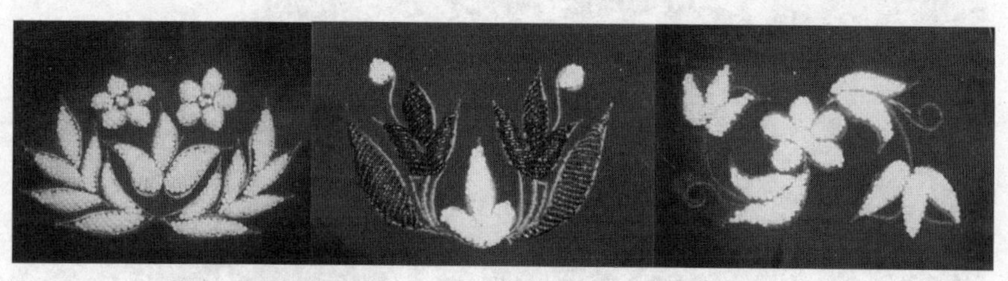

塔塔尔族手工刺绣　（吾米提·瓦里夫摄）

枕头是塔塔尔族妇女刺绣工艺最完美的体现。因为在塔塔尔族的家庭中，枕头不仅仅是枕具，而且是被当作工艺品摆设的，大多放在客厅的床上或箱子上，然后再罩上一层色泽鲜艳的方巾，隐隐透出枕头的图案，美观大方，令室内生辉。塔塔尔族的鸭绒枕头呈方形，其枕套用洁白的棉布或绸缎作面，枕套中央绣有对称的花卉纹样。它们千姿百态，或含苞待放，或枝蔓交织，加上花蕾、花瓣、叶脉的线条不同，颜色的浓淡不同，针脚的疏密不同，布局的虚实不同，能变幻出各种各样的造型来。

塔塔尔族的帽子更是一种精湛的工艺品，它做工精细，颜色鲜艳，光彩夺目。塔塔尔族夏天戴的帽子，分男式和女式两种：男式帽子，大多用深黑、墨绿、淡绿色的绸缎或平绒作面，用淡黄色、金黄色金线绣花，也有不绣花的枣红面黑帽沿的单帽；女式帽子，大多用深红、淡红、紫红的金丝绒或平绒作面，用咖啡色或棕色平绒作帽沿，用白色或乳白色丝线绣花，其图案以一朵或两朵鲜花构成，富有诗情画意。也有用各色丝线串连闪闪发光的各色珠子绣成的小花帽，戴起来英姿勃勃、精神抖擞。

塔塔尔族帽子 （吾米提·瓦里夫摄）

在塔塔尔族的家庭，台布、罩面、窗帘、挂袋等上面都绣着各种精美的花朵和图案，颜色鲜艳，线条粗犷，美观悦目。居住在牧区的塔塔尔族也处处展示着精美的民间工艺，毡房周围的草帘子，制作着各种不同的图案。妇女头上的各种装饰品，如头巾、帽子、三角巾等，更是色彩鲜艳、千姿百态。披巾上刺绣着各种颜色的花朵、图案。这些独特的风格和精美的工艺技术，都表现了塔塔尔族的爱美心理和审美观。

随着经济的发展，一些刺绣工艺已被电脑绣花代替，塔塔尔族用手工刺绣和做花帽的人已逐渐减少，特别是年轻姑娘中会绣花的人渐渐少了，传统的塔塔尔族民间刺绣和帽子的制作工艺已处在濒危状态。近年，塔塔尔族非物质文化遗产已引起了有关部门的重视，为此专门下发了非物质文化遗产普查方案和保护制度，并将塔塔尔族刺绣确定为塔塔尔族非物质文化遗产代表作名录中的重点，倡导各乡镇、街办的妇女开展刺绣等相关传统手工艺活动，使塔塔尔族刺绣这一民间传统手工艺能够传承下去。

第四节　塔塔尔族语言文字

塔塔尔语是塔塔尔族人民在生产生活中交流的交际工具。由于中国的塔塔尔族人数少而且多为散居，长期与维吾尔、哈萨克、柯尔克孜等民族杂居共处，因而塔塔尔人大多都知晓相邻民族语言，子女也大多在维吾尔或哈萨克民族中学上学。居住在城市和农村的，一般都通晓维吾尔语；居住在牧区的，都会说流利的哈萨克语。有不少人甚至能说好几种语言，年纪较大的还兼通俄语。

塔塔尔语属阿尔泰语系突厥语族西匈语支。它与同语族的维吾尔语、哈萨克语、柯尔克孜语等亲属语言之间有明显的语音对应关系，有相当数量的同源词。在语法方面，许多语法范畴和语法形式是共同的，特别是句子结构基本相同，但也有自己的特色。

我国塔塔尔族的语言没有方言差别，其主要特点是：词汇方面，在长期的历史发展过程中，逐步形成塔塔尔语词汇的多源性。除了本族固有语词或突厥语同源词之外，借词主要来自汉语、俄语、阿拉伯语和伊朗语。例如，汉语借词 tʃɛj（茶）、lɛgmɛn（拉面）、tawar（缎子）、ʤurən（主任）、laŋfun（凉粉）、ʃiŋ（升）、kan（矿）等；俄语借词 jopka（裙子）、tilifon（电话）、professor（教授）、fizika（物理）、pojez（火车）、muzika（音乐）、paraχot（轮船）、filim（影片）等；阿拉伯语借词 islam（伊斯兰）、alla（安拉）、musulman（穆斯林）、mɛktɛp（学校）、χɛləq（人民）、lɛkin（但是）、imam（依麻木）、muhim（重要）等；伊朗语借词 χuda（真主）、aχun（阿訇）、dost（朋友）、rast（真实）、jɛki（或者）、hɛr（每个）、molla（毛拉）、gunah（罪恶）等。

塔塔尔语语音由 10 个元音音位、24 个辅音音位组成。塔塔尔语的词根根据其形成特点与句法功能分为名词、形容词、代词、数词、量词、动词、副词、连词、摹拟词、后置词、助词、感叹词12类。名词、形容词、代词、数词、量词都有“格”和“领属性人称”的形态变化。形容词有“级”的形态变化。动词有“时”、“态”、“式”的语法范畴，并有形动词、副动词等形式。塔塔尔语句子中的词与词之间有一定的语法关系，根据不同的语法关系构成不同的句子成分。塔塔尔语句子成分可分为主语、谓语、宾语、定语、状语五种，句子成分的基本语序是主语位于句首，谓语位于句末，宾语位于主语和谓语中间，定语位于中心词之前，状语一般在谓语之前。

我国境内的塔塔尔族使用以阿拉伯字母为基础的拼音文字。自1925年起，苏联境内的鞑靼人使用经过改革的阿拉伯文字。1929年以拉丁字母代替阿拉伯字母。1933年又采用以斯拉夫字母为基础的文字。

语言文化是一个民族的重要标志，每个民族都应当继承和发扬好本民族的语言文化。现在让人引以自豪的是，新疆塔塔尔族的语言文化一直保留下来了，塔塔尔族人都会讲塔塔尔语，但是在当今世界文化多元一体和信息交流飞速发展的今天，一些语言正成为濒危语言，这已是不争的事实。据统计，全球共有6700种语言，但其中50%将在20世纪末面临消亡的危险。现在几乎每两个星期就有一种语言消失。面对母语不断消失的迫切问题，很多国家已经采取多种手段，来更好地保护母语，延续民族文化。“一个物种的消失，只让我们失去一种动人的风景；一种语言的消失，却让我们永久失去一种美丽的文化。”为保护母语，传承文明，一些仁人志士在做着不懈的努力。70多岁的塔塔尔族老人伊力亚尔认为传承民族语言，首先要从我做起，从家庭教育做起。因此他要求家人在家里都必须说塔塔尔语。

现在在我国民族政策特别是帮助人口较少民族发展的政策扶持下，为了使塔塔尔族的语言文化传承下去，伊犁塔塔尔族文化研究会从

2002年起，在伊宁市开办了塔塔尔语言文字培训班。培训班的时间多安排在寒假、暑假和周末，这样就不会影响孩子们正常上课了。据介绍，参加培训班的人很踊跃，其中有六十多岁的老人，还有六七岁的小孩儿。只有家长首先认识到了自己民族语言文字的重要性，并掌握了自己民族的语言文字，子女在家里才能够学习和掌握本民族的语言。

语言是交流的工具，是人类文明最初的记忆，是地方文化的活化石。一个民族的智慧、技艺、宗教、风俗、医术、传说，都深深地蕴藏在他们的母语里。每一种语言，都是一个民族灵感的源泉、创造力的钥匙以及文明的传承载体，失去一种语言就意味着断送一种文明。因此要像保护物种那样保护语言。

第三章

民风民俗风情浓

塔塔尔族人迁徙我国新疆后，与生活在这片广阔土地上的维吾尔族、哈萨克族、乌孜别克族等民族和睦相处，相互依存，相互借鉴，相互补充，形成了共同友好相处、共同发展提高的融洽的民族关系。因而塔塔尔族所承袭的文化集中了东西方文化的精华，既保留了欧洲文化的印迹，又吸收了新疆民族文化的特点，可谓中西合璧，民族风情更为浓郁。

第一节　衣食住行显特色

一、居舍庭院风格异

塔塔尔人迁徙到新疆后，大多居住在北疆寒冷地区，在长期的生活中，他们既保留了欧式建筑风格特点，又吸收了其他民族住宅之特长，形成了适合于其居住地气候的独特的建筑风格。

1. 牧区的毡房

逐水草而居是游牧民族的居住特点，散居在吉木萨尔、奇台、布尔津、哈巴河、额敏、昭苏等地的塔塔尔族牧民，春、夏、秋三季喜

欢居住在毡房里。毡房拆装方便，易于搬迁。讲究住房布置与环境美化的塔塔尔人会在毡房的木门上雕刻花纹，或用彩色漆绘，门帘则是用裹有花毡的芨芨草编制的，既保温又美观。毡房内各种陈设与布置都有一定的规矩。走进毡房，首先映入眼帘的是正上方的衣箱，其上整整齐齐地摆放着被褥、衣物等。毡房中的右上方是长辈的床位，下方放厨具等；左上方是晚辈的床位，下面主要放马鞭等。如果你走进毡房，好客的主人会请你坐在漂亮的花毡上热情地招待你喝茶吃饭。

2. 林区的木屋

生活在林区的塔塔尔人喜欢住木头房屋。夏天，外面酷热难耐，木屋里凉爽宜人；冬天，屋外寒气袭人，而木屋里却热乎乎的。在风景如画的森林山区，学校、商店、饭馆、畜牧站的房屋都是就地取材而建的，它的四周墙壁均由木头建造，顶棚和地上也铺的是木板，而且都不用油漆漆，完全是天然雕成。这些木屋古色古香，精巧别致，富有诗情画意。行进穿梭在这些木屋间，听着森林里啾啾的鸟鸣声，仿佛走进童话世界，令人心旷神怡。

3. 欧式壁炉

塔塔尔族房子的墙都比较厚，以便安装火墙或铁皮壁炉，供冬季取暖之需。生活在高寒地区的塔塔尔人大多喜欢在居室安装壁炉，一般是装在里外屋墙壁中间与宽敞的客厅里，可供三间房取暖。这种壁炉很高，通到屋顶，壁炉内砌着一层层的耐火砖。壁炉的外面包着一圈半圆形的黑铁皮，塔塔尔家庭主妇将铁皮擦得铮亮铮亮的。壁炉膛内面积很大，既可以烧煤，也可以烧木柴等。烧一次，室内温度可以保持一两天。壁炉既能让人们感受到它的温暖，也能享受到它所带给人们的温馨与浪漫。

4. 庭院深深

居住在城市里的塔塔尔族，以户自成庭院。著名的最具代表性的民间住宅有伊宁市西侧的“诺盖郭尔德”（即塔塔尔城），城内塔塔尔族居民的庭院都是以砖木结构为主的长方形建筑。院内院外的墙壁粉刷得雪白，庭院轻巧的大门门楣镂刻着塔塔尔族传统图案，美观大方，典雅别致，显示着塔塔尔族的建筑特点。

塔塔尔人向往大自然，他们喜欢在自己的庭院里种植各种各样的花草树木，不少家庭院内还有果园，每当百花盛开和水果成熟的季节，院里到处飘散着扑鼻的芳香，不仅美化了居住环境，还给人一种舒适感。

塔塔尔人在房屋外面的柱子上、院门上把打磨加工过的砖块巧妙地排列组合，并砌出各种几何造型；他们又在窗户边框上、护窗板上精细雕刻各种花卉等，美观大方、典雅别致。

院内除住房外，还配有厨房、库房、冰窖、菜窖、浴室、花池、果园、畜圈等。庭院内的房屋墙壁很厚，有的房顶略有坡度，有的房顶覆有铁皮，以防漏雨或积雪融渗。房檐下用红砖或青砖装饰。用蓝砖或青砖砌成窗沿，菱形窗框上精刻着各种奇特好看的花卉，美观大方、优雅别致。庭院内的住房，一般是坐南朝北，一明两暗的三间房子。中间房子的门向外开，里面左右两间房子的门向里开；左边一间为客厅，右边一间为寝室，均为木制顶棚，油漆地板，墙壁粉刷着淡雅的颜色，挂有壁毯，地上也铺有地毯。塔塔尔族室内陈设很讲究，室内摆放着各种欧式家具，显得古雅而豪华，特别是家中使用的工艺铁床精致漂亮。铁床两头用铁条制成的各种花草图形来装饰，栏杆和床腿也做成各种形状，均用墨绿色、棕色、蓝色油漆装饰。木柜框上雕刻各种花卉草木，外涂油漆，艳丽华美，装饰性很强。各家各户都有沙发，大多用木材和铁管精制而成。

塔塔尔族爱清洁，住房也总是收拾得十分干净整齐，特别是客厅和厨房，更是清洁得一尘不染，屋子的周围还栽满了各种各样的树木，

环境幽雅。

每当夏秋季节，亲朋好友们在庭院里品尝水果，观赏姑娘、小伙翩翩起舞，那种自然悠闲的田园气氛实在是令人陶醉。

二、美味佳肴遐迩名

一方水土养一方人，一族饮食代表一方文化。塔塔尔族饮食既与维吾尔、哈萨克等民族有共同之处，如日常饭食有馕、抓饭、包子等，又有其独具特色的传统饮食及习俗，形成了塔塔尔族自己的饮食文化。

1. 琳琅满目的糕点

“数不清的星星洒满天，一轮月亮又大又圆。”这是广泛流传于塔塔尔民间的谜语，谜底前一句为“派莱买西”（小馅饼），后一句为“卡拉西”（面包圈）。谜面与谜底互相衬托，道出了一个事实，即塔塔尔人的糕点不但造型很美，像月亮一样，而且品种也多得像嵌在天空中数不清的星星“秀色可餐”。塔塔尔族妇女们向来以长于烹饪闻名，制作糕点更是她们的拿手好戏。每当古尔邦节、肉孜节或婚礼前夕，都是她们最忙也是最风光的时候。她们常常被其他民族妇女请去传授技艺兼做技术指导，在厨房里大显身手。塔塔尔族妇女似乎能化普通为神奇。同样的原料，经她们一调理，会像变魔术似的变成几十种乃至

塔塔尔族糕点　（吾米提·瓦里夫摄）

上百种色、香、味俱佳的糕点。除自己食用外，还用于招待客人，馈赠亲友。人们吃着这些上乘佳品，无不交口称赞。

塔塔尔糕点大致可分为四大类：面包、饼干、蛋糕和带馅糕饼。面包有方形、圆形、椭圆、圆圈、花朵、波纹等形状，味道有甜有咸，少说也有几十种。饼干的造型就更多了，圆的、方的、三角、菱形、五角、花瓣、蝴蝶、波纹等，只要有模子，什么花样都能烤出来；口味有蛋黄、奶油、蜂蜜、果仁、砂糖、果酱夹心等三四十种；蛋糕有萨其玛、巴哈里、多层夹心蛋糕、鸡蛋酥糕、奶油蛋糕，夹心蛋卷、桃仁蛋糕等，林林总总，不下几十种。第四类是以多种水果、果干或果酱做带馅糕饼，也有十几种。其实，塔塔尔族糕点远不止这四类，外形和内容互相交叉又可产生许许多多的品种。下面就让我们来看看几种主要糕点的制作吧。

巴哈里。用料有奶油或炼好的动物油、鸡蛋、蜂蜜、白糖、牛奶、精粉、药用苏打粉、少许可可粉、丁香粉。先将奶油或动物油搅打成泡沫状，鸡蛋亦搅打成泡沫；再放入可可粉、丁香粉、压碎的核桃仁、牛奶、精粉充分搅打成糊状，将其舀入抹了油的烤盘上，一两厘米厚，放入烤箱烤半小时即可。这样烤出来的巴哈里深紫发亮，香甜酥软。

吐西（萨其马）。先把鸡蛋打成白色泡沫加精粉和成软面，再擀开切成短条放入油锅炸熟后捞出来，然后将1份蜂蜜、1份砂糖放到锅里熬成稀糊状（以筷子蘸一下滴到水里就凝固为度），将其倒入炸好的面条内充分搅拌，使每根面条都蘸上糖浆，趁热放入模内压平，表面用彩色小糖块摆成花纹。这种吐西（萨其马）色彩鲜艳，甜而酥脆。

巴勒托尔特（蜂蜜蛋糕）。原料和制作法同巴哈里，只是少了可可粉、丁香粉、牛奶、核桃仁。烤熟后，表面抹一层用奶油蜂蜜充分搅打成的雪白泡沫作底，用大红、深红或金黄的果冻或草莓、樱桃等做花，亦可用果酱做底，奶油蜂蜜泡沫做花。做好的巴勒托尔特（蜂蜜

蛋糕）色美、甜酥，还有水果的清香味。

纳帕里云（多层炼乳蛋糕）。奶油、鸡蛋（加少量药用苏打粉）各搅打成雪白泡沫状合到一起，倒入精粉、砂糖搅成稠面糊，摊成1厘米的薄饼放入烤炉烤熟待用；然后将牛奶、砂糖按一定比例放入锅内熬成炼乳，抹在烤熟的薄饼上，再放一薄饼再抹炼乳，可制作成3～7层的饼。最上面抹炼乳后再撒一层饼干末就可上桌了。纳帕里云（多层炼乳蛋糕）的特点是酥软香甜，入口即化，有牛奶的醇香。

米琳卡（鸡蛋酥泡）。将鸡蛋清、砂糖充分搅打成雪白泡沫，以用筷子蘸一下滴不下来为度，用小汤勺舀入一个个抹好油的烤盘烤熟。做出来的米琳卡（鸡蛋酥泡）雪白酥脆，入口即化。

撒里甫兰尼克（蛋黄饼干）。首先将奶油、砂糖、鸡蛋黄及少许药用苏打粉充分搅打成泡沫，放入精粉和成软面；然后用模子压成各种形状装入烤盘，上面抹上搅打好的蛋黄放入烤炉烤熟即可。这种撒里甫兰尼克（蛋黄饼干）的特点是松脆，香甜可口。

阿勒玛拜里西（苹果馅糕饼）。先将一份油搅打成泡沫，加一份牛奶，少许盐，和成软面，再将和好的面根据烤盘大小擀成圆饼，四周的边要立起与烤盘边沿平齐，将新鲜苹果去皮去籽切成薄片，一片压一片排在面坯上直到排满，然后撒一层砂糖，表面盖一个与烤盘面积相等的面坯，上下捏拢成花纹，在其上面撒砂糖或饼干渣，或抹一层蛋黄，放入烤炉烤熟即成。用圆形盘子端上餐桌，吃时切成弧形。做好的阿勒玛拜里西（苹果馅糕饼）酸甜适口，有浓郁的果香。亦可用茶露子（一种野生果子）、马琳果、草莓做馅，做法同上。

卡克拜里西（果酱馅糕饼）。原料、做法基本上同阿勒玛拜里西（苹果馅糕饼）的做法一样，但要在面坯上抹一层约1厘米厚的果酱，并将剩下的面搓成长条，横竖均匀地排成小菱形块，两端与下面的面坯捏拢。在每一条面上抹一层蛋黄，入炉烤熟即可。烤出来的卡克拜里西（果酱馅糕饼）色泽深咖啡与金黄相间，酸甜香软。

卡克派莱买西（果酱小馅饼）。用卡克拜里西（果酱馅糕饼）的原料和面，擀成一个个碗口大的面坯，里面包上茶露子酱馅，周边捏成花纹，中间留开，形似压成扁圆的烧麦，放入烤炉烤熟即成。

莱莞西（层层果酱饺饼）。用鸡蛋牛奶和面，擀薄抹油卷起，揪成小面团再擀成碗口大的面坯，包上果酱捏起，形似躺下的饺子，在烤炉内烤熟即成。

托卡西（面包）。用料有精粉、砂糖、鸡蛋、温牛奶、发酵粉、动物油或奶油。先将鸡蛋打开与牛奶、砂糖一起搅拌，油花开搋入精粉、发酵粉、牛奶、鸡蛋后充分揉，直到表面起小泡为止，放到温热处发酵；然后将发酵后的面做成各种形状的面包，如圆圈面包、花面包、五指面包等。

现在，塔塔尔族妇女制作的糕点已成为新疆各民族的共同财富，成为新疆饮食文化和糕点市场的一大景观。参加塔塔尔族婚宴的人一定首先会被餐桌上琳琅满目、色彩纷呈的糕点所吸引。各种糕点你只须尝一口，就能大快朵颐，尽情享受口福了。

塔塔尔人的饮食很丰富。有正餐吃的带馅食品，如包子、饺子、馄饨、馅饼，各种米做的黏饭，还有抓饭，也有三餐之间点补的各种恰依阿西（茶点）。他们喜欢吃米、豆、蔬菜、面等多种食品，常常是主食中有副食，副食中有主食。在餐桌上出现频率最高的还是要数各种带馅食品，特别是馅饼。馅饼的皮大部分是用面粉做的，

塔塔尔族糕点　（吾米提·瓦里夫摄）

也可用卷心菜叶做。馅的材料就广泛了，有肉、豆、米、各种蔬菜、鸡蛋、奶酪等。牛肉、羊肉、马肉、鹅肉、鸡肉、鱼肉都可入馅，煮熟的大米、小米、荞麦及豌豆泥、花豆泥等也可做馅，蔬菜做馅最多的要数南瓜、胡萝卜、土豆、卷心菜等。

塔塔尔族一首民歌唱道：

古巴底也嗡嗡叫，
卡巴克拜里西哈哈笑。
烤炉里的其比拜里西说：
快点快点把我吃掉！

古巴底也是一种多层大馅儿饼，卡巴克拜里西是南瓜馅饼，其比拜里西是小鸡馅饼。单是一首民歌里就出现了三种馅饼，可见塔塔尔族带馅饭食品种之多。

古巴底也是塔塔尔人最具特色的饭食。先要将鸡蛋、牛奶、白糖、动物油等和成软酥面，再将和好的面分成两块。略大的一块擀成1厘米厚的圆形面坯，比烤盘面积大，以便多出的部分立起与烤盘同高。大米下锅至将熟，捞出用冷水冲凉，把肉、洋葱绞碎放入油锅加盐煸熟。放在烤盘里的面坯做底，上面先均匀地铺一层大米，米上铺一层炒熟的肉馅，再铺一层大米，大米上铺一层杏干或酸梅干，再用一层大米盖住干果，上面均匀地洒上化开的奶油，用剩下的面做盖儿与下面的面坯底捏拢便成一圆形整体。面坯表面抹一层鸡蛋或牛奶，放入烤炉烤30～40分钟即可。也可在最底层放上用牛奶、砂糖、奶油与砸碎的干奶酪熬成的糊，再如上面的方法层层铺馅，这样烤出来的古巴底也更是别具风味。熟鸡蛋切丁加调料的馅也可以代替肉馅。又圆又大的古巴底也整个端上餐桌，吃时切成弧形，放到各自的小碟里食用。

科勒达玛（杏皮子）是一种与北方汉族人的“猫耳朵”相似的饭食。先把牛肉、羊肉加生姜、盐等调料煮熟切丁，洋葱切薄片在滚沸的肉汤锅里焯一下捞出来，拌入盐、胡椒粉及少许肉汤备用。用凉肉汤或冷水、盐、鸡蛋和面，揉匀后搓条，再揪成小指尖大的面团，用拇指轻轻按面团的同时往前一碾面团便会跟着拇指肚卷成内中空的小卷，极像去了核的杏干，又有点像猫的耳朵。将这些做好的“猫耳朵”倒入肉汤锅煮熟捞出。另一锅内放少许肉汤，倒入煮熟的“猫耳朵”和肉丁焖一会儿，调入胡椒粉后盛入大盘。盘中间放调好的洋葱，也可将煮熟的马肠或鹌鹑蛋切片摆到盘子上。吃时将“猫耳朵”及做调料的洋葱舀到各自的小盘里。

坎陪斯泰曼特（卷心菜皮包子），将卷心菜叶在加了盐的沸水里煮1分钟后捞出备用；肥羊肉或牛肉及洋葱绞碎拌盐和胡椒粉，大米在加盐的水里煮熟捞出与调好的肉馅掺和拌匀成馅，用煮好的卷心菜叶包馅，可卷成卷儿，也可包成长方形或正方形，用蛋汁封口后，放入油锅稍煎一会儿，然后倒入调好的汁（洋葱、胡萝卜、西红柿下锅稍煸，倒入肉汤、胡椒粉成汁儿），焖30分钟后出锅装盘食用。

也特拜里西（肉馅饼），其面坯制作同古巴底也，先把肉丁、土豆丁、洋葱、白胡椒粉、盐搅匀成馅，再将馅倒入烤盘里的面坯上，制法也同古巴底也，只是做盖的面坯正中要留一纽扣大的孔，用一块面塞塞上，烤到快熟时出从烤箱拿出，打开面塞，从孔里倒进肉汤，塞上面塞，再入炉烘烤至熟。出炉后先打开面塞，从孔里倒进少许肉汤，以免馅太干。然后装盘上桌。吃时先将面盖揭下，将馅舀到各自的小盘里，吃完馅再吃烤得焦黄的面盖和面底。也可不揭面盖，切成弧形放在小碟里吃。其特点是外皮酥脆，内里的馅松软咸香。如果馅是鹅肉做的，就叫哈孜拜里西（鹅肉馅饼）；鸭子肉做馅叫乌尔旦克拜里西（鸭肉馅饼）；鸡肉的叫塔乌克拜里西（鸡肉馅饼）；用小鸡鸡肉做的叫

其比拜里西（小鸡馅饼）；用鱼肉做的叫巴勒克拜里西（鱼肉馅饼）。也可将南瓜切丁拌胡椒粉和精盐备用，再将大米或小米煮熟用冷水冲凉，放入杏干或葡萄干，浇上化开的奶油，与南瓜丁一起拌匀做馅，这样的馅就叫卡巴克拜里西（南瓜馅饼）。还可以用大葱、鸡蛋或卷心菜、鸡蛋等做馅，制法与也特拜里西相同，吃法也相同。

塔塔尔人还喜欢吃各种米、豆、麦做的黏饭（即非干饭亦非稀饭的一种软饭），里面放各种肉丁和南瓜、胡萝卜当蔬菜丁，也可放牛奶、奶油、奶皮子等奶制品。

卡巴克包特卡色（南瓜黏饭），即用一半牛奶掺入一半水烧沸，放入切成丁的南瓜煮10～15分钟，然后倒入小米，适量的盐、糖，大火煮25分钟，再用文火焖45分钟即可。做好的南瓜黏饭色泽金黄，甜咸适口。

塔塔尔人很重视养生，通常一天吃6顿饭，每顿只吃一点儿，而且餐餐不离果酱、蜂蜜、奶油。他们喜欢喝饮料，饭后吃干鲜果品，饭食少不了野味等。塔塔尔人一般早上7点吃早餐，通常是面包、饼干、奶茶或牛奶，以及奶油、蜂蜜；10点吃（喝）曲西吕克恰依（上午茶），吃些小茶点，喝红茶；12点午餐是正餐，吃得较丰盛多样，饺子、包子、馄饨、各种馅饼，或是抓饭，各种米饭，最后喝一小碗极清淡极薄软的汤面片。饮料有克赛勒或各种糖水水果；下午3点钟，吃些小茶点、果干，喝点红茶或其他饮料；下午5点吃晚饭，一般是甜面包或咸面包、南瓜馅饼，或海勒拜（一种用白面、白糖、羊油等做成的甜糊糊）。晚上10点再进食一点干鲜果，吃点饼干果酱，喝点红茶。少食多餐的饮食习惯既可以摄取充足的养分，又可以减轻肠胃负担和预防胃肠疾病。

2. 就餐离不开饮料

克赛勒是塔塔尔人用多种果子自制的一种水果饮料。以草莓、马琳果、枸杞子等色彩鲜艳的水果去籽压碎成汁儿，然后搪瓷锅内盛水烧开，放入白糖、土豆淀粉和榨好的果汁稍熬一会儿，出锅凉凉，成半透明糊状。可用匙舀着喝，酸甜适口。

坎普特（糖水水果），即用葡萄干、苹果干、杏干、酸梅在锅里稍煮一会儿放砂糖，凉凉即后饮用。味酸甜，生津解渴。

克尔西玛（啤酒）是一种自制啤酒。大缸里放一定比例的凉开水、麦麸、蜂蜜、鲜葡萄干或葡萄干。啤酒花熬水过滤后，与自制的发酵剂（啤酒花、土豆片、葡萄干一起煮熟凉凉，放入一定比例的发酵粉及面粉成糊状，发酵后过滤挤出的汁儿）一同放入缸里，充分搅拌后盖严。5～6 天后将发酵的液体过滤即可饮用。

塔塔尔人的餐桌也少不了水果。塔塔尔人喜欢绿化庭院，种植果树，也喜欢采摘野果，他们的餐桌上一年四季都有水果或果干。聪明的塔塔尔妇女将各种家种、野生的水果晾成果干，熬果酱，做糕点，烤馅饼，还可酿制多种饮料。饭后，将山楂、葡萄、苹果等水果摆上餐桌，餐桌上出现最多的还是苹果。塔塔尔人不论贫富，都有饭后吃苹果的习惯。可以说，塔塔尔人的生活饮食与苹果是密不可分的。所以许多塔塔尔民歌都以苹果起头或比喻，例如，“燕子在春天飞回来，百灵鸟在苹果花开时唱歌”，“要选就选黄鲜鲜的苹果，莫被粉红色的酸苹果撩花眼窝”。

塔塔尔人的餐桌少不了水果

（吾米提·瓦里夫摄）

塔塔尔人餐桌上还少不了肉食。除了牛羊肉，他们对马肉情有独钟。长期的生活经验积累，塔塔尔人知道吃马肉可促进新陈代谢，加

速血液循环，对心脏病、高血压、慢性肠胃炎、皮肤过敏等都有一定疗效，所以他们非常偏爱。

此外，鸡、鸭、鹅肉，兔子肉，乃至野鸡、野鸭、野鹅、鹌鹑、火鸡，以及各种鱼，都可以列入菜谱。

三、寓情于食的食俗

塔塔尔人擅长于烹饪技艺，也把对事对人、对生活的美好愿望融于饮食中，使饮食成为一种情愫，蕴含着丰厚的民族文化内涵。

1. 女婿馄饨——倾注长辈无限的爱

塔塔尔族的婚俗很独特。那就是新郎先“嫁”到女方家住一段时间，再把新娘娶回去。而婚礼第二天，已“嫁”到女方家的新郎，一定要吃女婿馄饨。顾名思义，这女婿馄饨是女方家专门为女婿准备的。它做工之细，用料之精，味道之美自不必说。单是那玲珑剔透的馄饨一个个只有 1 厘米见方这一点，就够令人惊叹的了。婚礼翌日，岳母就轻手轻脚起床入厨了。和面、择菜、剁肉、调馅。一切准备就绪了，岳母就把满心的爱意、美好的祝福、抑制不住的喜悦及对小外孙的企盼，全都包进小小的馄饨里。女婿馄饨之小，也就小到了极致。即使用最小的碗盛，少说一碗也可盛十几个。这十几个细小白嫩的馄饨，像童话里可爱的拇指姑娘和王子，也许这正是岳母梦寐以求的多子多孙的写照吧。

2. 蜂蜜——幸福的象征

塔塔尔人的生活处处与蜂蜜有关。无论是日常生活还是举行婚礼，是迎接宾客还是招待亲朋，都离不开蜂蜜。在人生第一大喜事——婚礼上，蜂蜜更是从头至尾扮演着重要角色，当新郎一行人拉着手风琴、唱着歌敲开新娘家的门时，女方家首先端出蜂蜜、奶油让来客都品尝一口，然后才吃其他喜食。行成婚大礼时，一对新人要当众喝一杯被称为“谢尔白提”（蜂蜜）的蜂蜜水，以示新婚夫妇幸福美满，白头偕老。亲友们要回去了，女方家馈赠的礼物也必有蜂蜜。在这里，蜂蜜就是美好的祝愿，是幸福的象征。

塔塔尔人欢迎远方来客或招待尊贵的客人时，客人刚到门口，主人就端出蜂蜜、奶油让客人品尝，然后才行其他礼节。在这里，蜂蜜代表一种心情，一种愿望。主人希望客人“宾至如归”，像在自己家里一样感到舒适、惬意、亲切。

塔塔尔人的日常饮食也离不开蜂蜜。从各种糕点到自制的啤酒，蜂蜜都是重要原料。餐桌上一年四季少不了蜂蜜。蜂蜜之于塔塔尔人，不仅是一种美味食品，而且寄托着一种情愫、愿望。

3. 营造美的餐饮氛围——其乐融融

塔塔尔人善于在餐饮过程中营造一种美的氛围，使得生理的舒畅与心里的愉悦统一起来。让人在视觉、味觉、嗅觉和心理上同时获得美感。厨房餐厅环境美、色彩美；各种饮食造型美、味道美；餐桌上敬老爱幼，融融洽洽，语言美、行为美。总而言之，充满了人性美。他们还常常在餐桌上摆一瓶鲜花，香味芬芳，令人赏心悦目，性情愉悦。

塔塔尔人多用圆形烤盘，将烤出的蛋糕、大馅饼等要整个端到餐桌上，随吃随切。塔塔尔人过生日，自己家一定要精心烤制又圆又大的东西（面包）、古巴底也、拜里西大馅饼及各种又圆又大的蛋糕。当然，要比平时做工更加精细，造型更加美观，蛋糕的配色和图案就更要别出心裁，力求完美了。雪白、橙红或大红底上用彩色小糖块、奶油、果酱或新鲜水果拼成各种图案，明亮鲜艳的色彩与新颖别致的花纹浑然一体，简直就是个工艺品！如果是孩子过生日，便有一群小伙伴们来祝贺。孩子们手拉手围成圆圈，把过生日的孩子围在中间，大家边转圈边舞边唱：

今天是×××的生日，

我们做了圆圆的蛋糕和面包。
它有这么大（大家把拉着的手臂伸开），
它有这么高（大家拉着手共同举过头顶），
你随便挑吧，
可要吃饱、吃好！

又圆又大的糕点，象征圆满完整，无憾无缺。它让我们看到了塔塔尔人喜爱整体美、和谐美满的心理。

其乐融融的就餐氛围　（阿不都拉·阿巴斯提供）

4. 干净整洁的厨房

塔塔尔人的厨房一周要彻底清洗一次。从餐具、炊具、灶具到门窗桌椅墙裙地面，无不在清洗之列。洗过的餐具、炊具，要用干净布擦拭，直到光可鉴人。炉灶上下是明亮的，锅碗瓢盆也是明亮的，大大小小、深深浅浅的盘子是明亮的，长长短短的刀、叉、匙、筷也是明亮的。墙裙、地面洗得干干净净，浅色门帘、窗帘围裙、手套、餐

巾、桌布也干干净净。进了塔塔尔人的厨房，不见一丝尘土，没有一星黑灰，也没有一点污垢油迹。真可谓窗明几净，纤尘不染。

塔塔尔人还非常注意厨房的整体布置和色彩搭配。餐具、炊具各得其所，摆置得井井有条。他们烹调多用煮、烤、蒸的办法，很少用炒勺。所以搪瓷锅最能派上用场。塔塔尔人讲究餐具、炊具配套，还要求色彩互相协调。大大小小的搪瓷锅，各种水壶，如烧水壶、茶壶、咖啡壶，盛饭勺把儿，锅铲把儿和冰箱等要用同一种花色。门帘、窗帘及女主人的围裙等也尽量选用与餐具、炊具相同相近的花色。若花纹难以统一，起码在色型上要互相靠拢。这样，整个厨房整齐有序，方便烹调。各种器物的形状、质料、色彩等方面达到了和谐的统一。塔塔尔人的厨房处处反映着女主人的勤劳干练，同时也可透视到女主人的审美情趣。

四、服饰习俗精美

人的衣着服饰不仅仅是为了保暖保温，也是一种文化审美的折射。塔塔尔族的服装非常精美别致。其传统服装，男子一般穿绣花白衬衣，

塔塔尔族男子服装　（吾米提·瓦里夫摄）

衬衣外再穿齐腰短背心或黑色对襟长衫和黑裤，喜戴黑、白两色绣花小帽，花帽上用淡黄或金黄色线或丝线绣以各种花纹图案，冬季多戴黑色卷毛皮帽。女子以镶有珠子的小花帽为美，也有用金线穿缀五彩珠串组成花纹图案的，喜穿白、蓝或紫红色连衫带褶边的长裙。年长者多穿带领、多穿带领的白衬衣，衬衣外再加黑色齐腰短坎肩儿。一般情况下，多系布腰带。冬秋两季，戴皮帽，穿各式长短大衣、短袄。

塔塔尔人在着装方面，最注重的是戴帽。一般正式场合，男性都要戴帽，上了年纪的女性都要戴头巾。这也是塔塔尔人的基本礼节之一。尤其是在做礼拜和送葬时，要求更严格。

塔塔尔族女子服装 （吾米提·瓦里夫摄）

现在，塔塔尔族青年男子多穿西装和时装。女子的服装相对艳丽一些，衣服上大多配以绣图，缀上花边，手上喜欢戴首饰、耳上戴耳环。塔塔尔人由于受教育程度比较高，因此人们特别是年轻人穿着也更新潮，没有太多的约束。

塔塔尔族男女老少都爱穿皮鞋或皮靴，无论是在城镇还是乡村牧区，很多人还会在皮鞋或皮靴外再套上“卡洛什”(套鞋)，进屋时把卡洛什脱在门口。这样既能保护鞋免受雨雪侵蚀，也可以保持室内清洁。

塔塔尔人穿衣着装特别讲究干净整齐、色彩搭配适宜，即要与性别、年龄、职业、气质以及季节、场合等相符。衣服不管新旧与式样，洗净后一定要熨烫才穿，甚至连床单、被套、窗帘使用前都要熨得平平整整。因为塔塔尔人认为，一个人的穿戴与其对人生的态度、个人修养等有关。

第二节　人生礼仪传美名

塔塔尔族是一个热爱生活、真诚待人、讲究礼仪的民族。重视教育使塔塔尔人重学习、善吸纳先进的科学技术，并形成了良好的社会风尚。在塔塔尔人的生活中，不仅有互相帮助、热情待客的传统风尚，在称呼、问候等方面更是非常讲究礼仪。

一、见面行礼问好

塔塔尔人非常重视礼仪，重人情、讲信义，重道德观念。对师长尊敬，对亲友礼貌。见面互相要打招呼，还讲究行礼。不管在什么情况下晚辈要先向长辈行礼，要将右手放在胸前，躬身施礼，并问候“阿斯撒拉姆艾莱库姆”（愿真主使您安康），回礼时则说“瓦艾莱库姆阿斯撒拉姆”（愿真主也使您安康）。

塔塔尔人行礼的方式多种多样，可行鞠躬礼，也可行握手礼，以表示友好和礼貌，不过对老人行握手礼时一定要用双手，以示尊敬。男女之间行握手礼，一般如果女人不伸手示意握手，男人不能强行握手，否则不礼貌。女人之间行礼还可彼此拥抱，脸贴脸，亲近人行贴面礼。小孩则要向长辈行吻手礼问安，长者吻小孩的前额回礼。

二、敬老礼让

尊敬老人是一个民族文明程度的集中体现。塔塔尔族不讲四世同

堂，但对老人是十分尊敬的。在塔塔尔人中，老人的地位是至高无上的，家里的一切大事都由长辈做主，如果长辈不在了，则由长子决定，小的必须服从。长辈讲话时，小辈不能随便插话，更不能打断长辈的话，不能和老人顶嘴，更不要说发生口角了。不论在什么场合遇到老人，都要请老人先就座，用餐要先请老人，行路让老人先行，讲话也要请老人先讲。如果老人较多，则请其中一位或两位德高望重的长者先讲。老人到家里来做客，要请老人坐上座，塔塔尔语叫“托尔”，他们的“托尔”一般在正墙的中央铺位，这个位置可以说是老人的专座。

青少年见了老人首先要行礼问好，对老人态度恭敬，说话温和有礼。跟老人打招呼时要用尊敬语“斯孜”（意为“您”），称呼男性老人或年长者用“巴巴依”（意为“老爷爷”）或“阿伯孜依”（意为“大叔”或“大哥”），女性老人用“əbi”（意为“老奶奶”），而“阿帕依”则意为“大姐”或“阿姨”、“女老师”。

在餐桌上更能充分表现塔塔尔人尊敬老人的美德。塔塔尔人很讲究座次。上座一定要留给最年长的人。舀饭盛汤先端给老人，劝餐布菜一定从老人开始，祝酒倒茶先敬老人，每一道菜端上桌，必定是年长者先尝。在餐桌上小孩子是不能自己随便伸手舀菜拿食物的，一般都由大人分配，以免养成不礼貌的习惯。婚宴、节假日宴会乃至家宴上，总是由年长者先发话，然后一起用餐。塔塔尔人餐桌上充满着晚辈对长者孝心、爱心的亲情。

三、餐桌上的礼仪

塔塔尔人餐桌上的礼仪非常严格，显示出他们的行为举止美。长者居上座，幼者居下座。上茶、上饭时，要先给长者，再按年龄大小先后递送。进餐者每人两块餐巾，一块搭胸前，用以擦拭嘴、手，并防止食物溅在衣服上，另一块则铺膝上。中间餐桌上放一块餐布，吃

饭时习惯用刀子、叉子、匙子，一般不能用自己的刀匙等直接舀取食物。骨头等残剩物不能堆在桌上或扔到地上，要全部放到专用的盘子里，女主人会拿走倒掉。吃饭夹菜，端盘举杯，一概用右手。进餐时忌大声喧哗，忌吧嗒嘴巴发出响声。不能面对餐桌或他人咳嗽、打喷嚏，更不能在餐厅、厨房里剪指甲、擤鼻涕、吐痰。吃完饭后，要由年长者带着一起做“duʁa”（即祈祷），感谢真主赐予的饭食。

四、礼貌待客

塔塔尔人敬重朋友，讲诚信，重友情，质朴、真诚、厚道。每当有客人光临塔塔尔人家，热情好客的主人首先会把客人让进客厅，然后请客人坐在上座，即使客人不是老人，他们也和老人一样对待。如果客人较多，则要根据年龄、性别等的差别而安排他们在不同的位置就座。随即主人就要给客人烧茶，主人一边烧茶，一边把餐布铺在桌子上，紧接着盛着各式糕点和放着许多干果的盘子就上桌了，主人会殷勤地劝客人用茶，品尝糕点和干果，然后叙友情，拉家常，交流信息。如果赶上吃饭时间，热情豁达、纯朴好客的塔塔尔人会尽主人之道，请客人一起用餐。客人会为得到主人的尊重而感到荣幸和自豪，主人也会为自己的盛情得到了客人的认可而感到高兴和满足。对远道而来的投宿客人，塔塔尔人更是热情款待，客人一进门，热情好客的主人立即请客人入座，然后端上浓香四溢的奶茶，真是“一盏香茗在手，千般烦恼皆休”。

第三节　传统节日富情趣

塔塔尔族的节日主要有肉孜节、古尔邦节、圣纪节、诺鲁孜节和撒班节。

一、肉孜节

肉孜节是伊斯兰教节日。“肉孜节”塔塔尔语叫“*oraza*”，它是波斯语的音译借词。波斯语“肉孜”，是斋戒的意思；“艾提”，是节日的意思。根据伊斯兰教历，每年回历九月为斋戒月。凡成年健康的穆斯林都应全月封斋，封斋期间，即每天日出以前和日落以后才可以进食，白天禁止饮食。封斋的意义不仅是让人们懂得食物的珍贵和挨饿的痛苦，还在于培养节俭和忍耐的习惯，更重要的是对真主的敬畏、虔诚和感恩。封斋最后一天傍晚要寻看新月，次日即举行开斋仪式。因此，肉孜节也叫“开斋节”。

在节日到来的前几天，塔塔尔族家家户户都要粉刷房屋，把院落打扫得干干净净，还要制作各种油炸食品和糕点，以便宴请宾客。节日那天，男女老少都早早起来，打扫房屋和院子，理发洗澡，穿上节日盛装。成年男子要到清真寺做节日礼拜，祈求真主的恩典和厚赐。聚礼结束后，人们回到家中和亲人们一起品尝肉孜节食品。肉孜节一般要过3天，节日期间，人们走亲访友，互相拜节问候。许多青年还借肉孜节这个喜庆节日举行婚礼，更是增添了节日欢乐的气氛。随着社会的发展，肉孜节也增添了不少新内容，人们除了节日参加会礼外，还参加一些娱乐活动，举行丰富多彩的民俗文体活动。

二、古尔邦节

古尔邦节，塔塔尔语叫“古尔邦艾提”，是阿拉伯语的音译借词。阿拉伯语“古尔邦”，意为“牺牲”。所以，古尔邦节又叫“宰牲节”。古尔邦节是伊斯兰教三大节日之一，一般在肉孜节后七十天。

宰牲节源于一个伊斯兰教故事：安拉为了考验先知伊卜拉欣的忠诚，在夜里降梦给伊卜拉欣，叫伊卜拉欣用自己的儿子献祭。伊卜拉欣毫不犹豫地照办了。他正要举刀刺向儿子的一刹那，一只黑头白身的羊自天而降——安拉派遣天使，命先知以羊代子。为了纪念先知对安拉的虔诚，因此每年教历十二月十日为宰牲节，可延续3天。从此，每年的古尔邦节，每户穆斯林至少要宰杀一只羊献祭。

临近古尔邦节的时候，塔塔尔族的主妇就忙碌起来了，她们要制作大量的油炸食物和各种精美点心，为节日期间来家里贺节的亲朋好友和远方的来客准备好充足的美食。

古尔邦节这一天清晨的礼拜，是一年中规模最大的一次礼拜，所有的成年男人都得去当地的清真寺参加聚礼，场面蔚为壮观。在庄严神圣的气氛中，每个人排除心中一切杂念，祈求真主的恩赐。大聚礼之后，各家各户都要到墓地去祈祷，缅怀故去的亲人。

古尔邦节期间大家都要相互串门贺节，每到一户，主人必会为客人端上来一盘清炖大块羊肉，客人即使吃得再饱，也得尝尝主人家的羊肉。亲朋好友相聚，能歌善舞的塔塔尔人，就会弹起琴，唱起歌，跳起舞，到处是一派欢乐的景象。居住在牧区的塔塔尔人庆祝古尔邦节，更是别有一番风情。他们喜欢举行叼羊、赛马、射箭、摔跤等活动。悦耳动听的歌声、欢快的笑语声久久飘荡在辽阔的草原上。

三、圣纪节

圣纪节是伊斯兰教节日之一，是纪念圣人穆罕默德诞生和逝世的节日，在每年伊斯兰教历三月十二日举行。据阿拉伯史书记载，穆罕默德圣人出生于570年3月12日，去世于632年3月12日。一般的纪念方式是举行各种形式的聚会，诵读《古兰经》。

每逢圣纪节，穆斯林都要沐浴更衣，穿戴整齐，到清真寺集会、诵经、赞圣，讲述穆罕默德的历史和创建伊斯兰教的功绩，以及在传教中所受种种磨难和许多智勇、善辩、善战的生动历史故事，告诫诸

位信徒永世不忘圣人教诲，做一个虔诚忠实的穆斯林。

四、诺鲁孜节

诺鲁孜节是一个十分古老的传统节日。在新疆，凡信仰伊斯兰教的少数民族都要过这个节。

“诺鲁孜”一词来自古伊朗语，意为“春雨日”。相当于伊朗古太阳历的每年三月二十一日，也即公历 3 月 21 日。这一天相当于汉族二十四节气的春分，因而诺鲁孜节也叫迎春节。

诺鲁孜节仪式在节日的黎明便开始。这天，男女老少都要身着民族盛装举行各种节日活动。各家在房屋正中燃烧起一堆松柏树枝，将冒烟的树枝在每人头上转一圈，预祝人们在新的一年中平安快乐。然后又将冒烟的松枝带到牲畜圈门口，让畜群从烟上通过，祈求新的一年里，人丁兴旺。

节日当天，要做“诺鲁孜饭”，用剩余的粮食和食物，加上多种佐料煮成粥。饭后人们成群结队地相互拜年，载歌载舞，尽兴表达对新春的欢悦之情。

诺鲁孜节过后，在农村，紧张的春耕生产就开始了。随着时间的推移，该节在保留原始面貌的基础上，增添了浓郁的“艺术节”色彩。总之，诺鲁孜节在增进西域和中原间的礼尚往来、加强文化交流，尤其在形成古丝绸之路方面起到了非常重要的作用。

五、撒班节（或萨班节）

塔塔尔族的“撒班”节（也称犁头节），是塔塔尔族特有的传统节日，是一年一度的盛会。“撒班”，是塔塔尔族犁地的工具。据塔塔尔族传说，由于撒班的产生，促进了塔塔尔族农业生产的发展。因此，撒班节通常是在冰雪消融、大地回春，春耕春种已经结束，夏季丰收还未到来的农闲期。意即消除一春的辛劳，憧憬夏日的丰收，秋季的收获。节日这天，人们穿着民族服装，选择风景优美的地方，相互聚会、祝贺。歌声总是撒班节的主要内容：中年人唱希望丰收；青年人唱友谊与爱情；少年唱童谣；老年人则唱那教训懒汉的歌："不要流浪快回家，快把酒瓶变骏马，快把酒瓶变犁铧，老老实实种庄稼。"撒班节这天除对唱、跳舞外，主要活动还有摔跤、拔河、赛马、攀高竿、赛跑等。

节日里，各家还要准备"古巴底也"、"伊特白里西"以及用蜂蜜发酵制成的"克儿西麻"、各种水果汁制成的"克赛勒"等饮料来招待客人。

2008 年，撒班节被列进国家级第二批非物质文化遗产保护名录，2010 年入选第三批国家级非物质文化遗产名录。

塔塔尔女士过撒班节　（夏米西努尔·伊力克提供）

六、丰富多彩的体育与娱乐活动

塔塔尔人普遍喜爱文体活动，常见的体育活动有摔跤、拔河、爬杆、赛跑、赛马等，独具特色的娱乐活动是“赛跳跑”。塔塔尔族的民间体育活动多在传统民族节日的欢乐日子里举行，也有时在百花盛开、明媚晴朗的假日举行。

赛跳跑。这是塔塔尔族民间开展最为普遍的一种传统体育活动，多在撒班节进行。分男女两组进行比赛，一般让参赛者嘴里咬着一把小勺子，勺子内放着一枚生鸡蛋，比赛开始前站在同一个起跑线上，待命出发，当裁判员一声哨响，参赛者们便凭借各自的咬合力和平衡能力开始一定距离内的限时赛跑，鸡蛋没有落地、最先跑到目的地为优胜，否则成绩无效。获胜者可以获得奖励。

赛马。赛马是塔塔尔族人民喜爱的传统娱乐和体育活动。参加比赛的马匹，几个月前就要挑选和训练，赛马场一般为平坦的大草场，赛程一般为10～20公里，参加赛马的骑手为少年男子，一般是10岁左右儿童，小骑手头戴花帽，左手引缰，右手执鞭，精神抖擞。参加比赛时的马匹不备鞍具，只搭鞍垫。比赛开始后，小骑手们如箭离弦，纵马扬鞭，观众热烈喝彩，声震原野。比赛结束后，取得名次的骑手依次排列于指挥台前受奖。按塔塔尔人的习惯，获得第一名享有很高的荣誉。

摔跤。这是一种力量和技巧的对抗运动，是塔塔尔人民喜爱的体育活动。这种活动多在喜庆节日举行，获胜的一方能获得崇高的荣誉，并获得奖赏。

爬杆。爬杆比赛也是塔塔尔人喜闻乐见的体育游艺项目。在比赛场上，同时竖有好几根涂有肥皂的木杆，杆顶挂有装了公鸡的篮子，也有的挂鲜花或纸扎彩花。待裁判一声令下，参赛者争先恐后顺着光滑的木杆攀援而上。谁要是能以最快的速度爬到杆顶，并摘走鲜花，谁就会稳操胜券，并会获得彩花及塔塔尔姑娘的爱慕。

纵观塔塔尔族传统的体育活动，其实是该民族历史上劳动生活、军事斗争、娱乐活动的综合反映，因而具有浓郁的民族特色。参加者既可以展示自己的勇气、力量和技巧，但更要力争集体的荣誉。体育活动是各种节日中不可缺少的内容，同时，传统体育活动的开展又为民族节日增添了纷繁多姿的色彩，相得益彰，交相辉映。塔塔尔族始终以一种积极、开放、兼容的心理接受其他民族的文化，一个多世纪以来，由于长期与维吾尔、哈萨克、乌孜别克等兄弟民族交融相处，塔塔尔族的体育种类在其传统类型的基础上，又吸收了草原游牧体育文化的形式，如赛歌会、姑娘追和叼羊等。这些体育活动体现了塔塔尔族体育文化的兼容并包性。

第四节　宗教信仰话神圣

塔塔尔族虽然人口较少，居住又较分散，但其内心世界很丰富，不管他们在哪里，都有一种心灵沟通的方式，即相逢互道“阿斯撒拉姆艾莱库姆”（愿真主使您健康），彼此间关系马上就很亲近，心心相印。这与他们坚定的精神信仰的支撑密切相关。塔塔尔族在信仰伊斯兰教之前，也有过自然崇拜、图腾崇拜，也信仰过萨满教。

一、早期信仰

1. 自然崇拜

在原始人的眼里，强大的自然物和自然现象，都具有至高无上的灵性，这种灵性往往能主宰人类的命运，改变人们的生活。因此在不能征服和认识它们的时候，只有把它们当作有生命力的神灵加以顶礼

膜拜。这种对自然力的崇拜，直接表现为对自然物本身的崇拜。

塔塔尔人的先民繁衍生息在大漠草原或崇山峻岭中，长期过着原始狩猎游牧生活。他们对大自然千姿百态、变化无穷的现象不能理解，产生出强烈的既依赖又恐惧的心理，认为这些自然存在现象表现出生命、意志、情感、灵性和奇特能力，会对人的生存及命运产生各种影响，从而产生了万物有灵的观念与原始宗教。

首先成为塔塔尔人普遍崇拜的对象是太阳和月亮。太阳给人以光明和温暖。夜晚的黑暗是可怕的，但夜色是美好的，人们从儿童和少年时代起，就在这种夜谈月亮、夜晚望月中长大，更喜欢一种静美、柔美，甚至是凄美。因此，月亮成为他们崇拜的对象就不言而喻了，特别是新月作为清真寺顶上的教徽之后，塔塔尔人与其他突厥民族对月亮的崇拜更为真诚，人们面向月亮肃立，以求神灵保佑，免除人生灾祸。

原始社会生产力低下，火是人们赖以生存的重要条件之一，同时，火又有一种令人畏惧的超自然力。因此火与光明，就在自然崇拜中占据着重要地位。

2. 图腾崇拜

图腾崇拜是人类原始社会最早的一种宗教信仰现象。人类先民相信每个民族都与某些动物、植物或无生物有着亲属或其他特殊关系，此物即为该民族的图腾、崇拜物、标记。狼图腾崇拜现象几乎为生息在北方草原上的先民所共有，不仅匈奴、突厥存在狼图腾崇拜，回鹘人也有过生动的狼神故事。在蛮荒的北方草原，狼对于原始人群来说是非常可怕的野兽，它们往往集合成群，无论捕食或对付进犯之敌，都协同搏斗，凶猛而富有灵性。于是人们由恐惧而敬奉，把它们视作自己的亲属和同类，这就是狼图腾崇拜的萌生。

塔塔尔族先民与其他突厥民族先民早先生活在艰苦险恶的环境中，

狼的凶狠、残暴、坚韧、耐劳以及强有力的进攻意识是生命力的表现，为了生存，就必须要以凶禽猛兽的勇猛力量武装自身，因而他们把苍狼作为自己的图腾崇拜，并且子子孙孙沿袭下来。在塔塔尔历史传说中也有关于先民对狼的图腾崇拜与禁忌。至今，塔塔尔人依然对狼心怀敬畏，不少人把狼踝骨戴在身上，以治腰疼，或者用于回避嫉妒的目光和恶毒语言的伤害。人们对狼不说秽言，不去指狼影。

3. 萨满教

塔塔尔族先民与其他突厥民族先民一样，历史上曾虔诚地信奉萨满教。其最基本的特点就是相信“万物有灵”，认为世间的一切都由神灵来主宰。沟通世人与神灵的使者就是“萨满”，即巫师。萨满扮演着多重角色：灵魂的中介、指导公共仪式和祭祀的祭司、医治者。所有的萨满可以不借助药物医治灵魂，他更注重在心理上的作用。萨满可以与灵魂接触、交流，但他不能强迫那些灵魂做不愿意的事。为了治疗病人，他要进行一段旅程；他指挥献祭的程序，寻求新的知识，他还在通往冥界的路上陪伴死者的灵魂。因而只有萨满通过原始巫术才能架设天与地、神与人之间的桥梁。鉴于此，古代塔塔尔人与其他突厥民族对萨满非常敬仰与信赖，称萨满为“巴赫希”或“巴克西”。在牲畜遭灾或家人生病时，塔塔尔人总要请萨满来驱邪祛病。萨满还可以占卜吉凶，预言凶福，因此更受到塔塔尔人的尊敬。至今，在塔塔尔人的风俗中偶尔还能见到历史遗留的残存。

4. 伊斯兰教

塔塔尔族全民信仰伊斯兰教。塔塔尔族同其他穆斯林一样，坚持六大信仰，即信安拉、信使者、信经典、信天使、信死后复活、信前定。

信安拉。认为安拉是唯一的神，除安拉外再没有神，反对信仰多神和崇拜偶像。

信使者。认为安拉在不同时期曾向不同民族派遣过许多使者。他们都是安拉特选的，并且受到了安拉的启示，负有传播宗教使命或告诫人们不要忘记宗教的人。

信经典。认为安拉给每个使者“降示”过一部经典，其中《古兰经》是“降示”给穆罕默德的，另外还有《讨拉特》、《则甫尔》、《引支勒》，而《古兰经》是唯一神圣的、最完美无缺的经典，跟天上的原型完全一样，穆斯林应予确信和遵行。

信天使。认为天仙先于人类由安拉创造，是安拉的差役，天使数目很多，执行各种不同任务。

信死后复活。认为穆斯林有“两世吉庆”，即今世和后世是吉庆的。今世吉庆是安拉已将穆斯林引上了“正道”，成为“顺从安拉的人”；后世吉庆是穆斯林若行“善功”，在后世经过“审判”复活可进天堂。

信前定。认为一切自然现象和社会现象皆由安拉预先安排（前定），穆斯林对此坚信不疑。

在上述的六大基本信仰中，塔塔尔族男女穆斯林突出强调“安拉独一”和穆罕默德是安拉的使者这两项信条。他们不崇拜任何偶像，因此在清真寺与做礼拜的方向不挂、不竖任何人或神的画像。真主安拉永远在我心中。塔塔尔穆斯林严格遵守着五项宗教功课，即念“清真言”、礼拜、斋戒、天课、朝觐，简称“念、礼、斋、课、朝”。遵守这五功是穆斯林信仰虔诚的基本体现。五功中“念”为本，“礼”为纲，五项天命互为因果，相辅相成，构成了系统完整的伊斯兰教功修制度。坚持做礼拜是其中重要的一项。按伊斯兰教规，每位穆斯林每天要做五次礼拜，特别是每周五在清真寺的“主麻”礼拜，是一定要参加的。有的塔塔尔穆斯林家离清真寺很远，但不管路途再远，也无论刮风下雪，都不能阻挡他们去做礼拜的决心。做礼拜前，必须要沐浴，称之为“大净”和“小净”。大净要洗全身，小净只洗手、脚、脸等部位。穿戴干净整齐方可进清真寺做礼拜。

在肉孜节、古尔邦节等节日之际，塔塔尔穆斯林都要去参加隆重的“会礼”活动。他们严格恪守伊斯兰教教规，不仅仅是在重大节日、婚丧嫁娶、清真寺礼拜中，在日常生活中也遵守伊斯兰教规，塔塔尔人已把这些视为自己生命中重要的组成部分，并且已经成为生活中民俗化了的习惯。

第五节　禁忌习俗

禁忌，即禁止或抑制的意思。民间禁忌源远流长，经长期积淀形成民间普遍的文化现象，规范人们的思想道德和行为，渗透到人们的物质生活和精神生活的各个领域。塔塔尔人的禁忌主要有以下几类。

饮食禁忌。作为全民信仰伊斯兰教的塔塔尔人，同其他穆斯林一样，禁食猪、骡、驴、狗、蛇等；严禁吃自死物；严禁食血液；严禁食用非穆斯林宰杀的动物；禁止食用猛禽猛兽。禁用致醉和有毒的植物饮料；严禁饮酒；禁止一切与酒有关的致醉物品；禁止从事与酒有关的营生；禁止出席有酒的宴席；严禁服用一切麻醉品和毒品。

生活禁忌。“净洁的为相宜，污浊的受禁止”原则，不只是体现在饮食禁忌，还体现在生活的方方面面。在日常生活中，塔塔尔人忌在水渠、水池、泉等水源附近洗衣服，以保持水源清洁。与人交谈和吃东西、喝饮料时，忌讳擤鼻涕、吐痰、打哈欠，洗完手不能甩水滴，以免溅到他人身上。不能从别人面前经过，尤其是老人面前，最好是从其背后经过。忌与女性开玩笑和动手动脚，忌在众人面前光着上身或穿着背心裤衩就到别人家里。不能在清真寺、墓地周围大小便、吐痰或倒脏水等。禁止在礼拜时吐痰、打哈欠、吃东西；禁止吃生葱、姜、蒜后去做礼拜；禁止用右手处理污秽的事物。

道德禁忌。塔塔尔人特别重视家庭教育，认为它是培养孩子良好道德的重要基础。教育孩子时，常用命令式告诫“饭菜上桌后，老人不动筷，不能抢先吃”，“大人说话不能插话”，“与人要友善相处，不能恶言相向”，“不随便议论别人”，“不把衣服披在身上”，“不能随便浪费粮食”等，要求人们文明礼让，和睦相处。

塔塔尔人忌讳当着主人的面赞美孩子“胖”、“聪明”等；牧民忌讳当着他们的面数牲畜的数目和夸奖牲畜长得膘肥体壮；不许跨越拴牲口的绳子，不能穿行于羊群中，不能骑车靠近羊圈，生人不能去看接羔；别人做礼拜时，不要从他的面前过；不能背后议论别人，不能说已故人的坏话。

第四章

婚姻与家庭

第一节　饶有情趣的婚礼

塔塔尔族的婚姻制度为一夫一妻制。塔塔尔人也可以与其他信仰伊斯兰教的民族通婚，限制叔伯兄弟姐妹之间通婚，姑表联姻也很少。

在旧时代，封建贵族、巨富殷实之家，为表现自己的权势和财富，讲究排场，花钱如流水，送大批牛羊马匹、家具、挂毯、花毡、衣服、装饰品等，婚姻实行终身制，即结婚后，不允许离婚。新中国成立后，在塔塔尔族中宣传新《婚姻法》，结婚与离婚，实行双方自愿。离婚现象非常少见。

塔塔尔族非常重视男婚女嫁，办喜事隆重而又热闹，一家办喜事，亲戚朋友都来参加。塔塔尔族婚俗与其他突厥民族不一样，即先把新郎“嫁”出去，然后再“娶”回来。因而婚礼饶有情趣，别具一格。

一、定亲礼仪

塔塔尔族男女青年在经过相识、相知、恋爱后，会将结婚的愿望通过合适的人告诉各自的父母，父母一般不会马上同意这桩婚事，需

要用一段时间了解提亲家庭的情况，考验青年男女之间的真情。若发现双方情况可以，两人确实是真心的，就算顺利通过了考验，然后才会允许他们结婚。

塔塔尔族的定婚仪式非常具有民族特色。男女方定亲时，男方要派两到三个亲戚或者有一定社会地位的人到女方家。女方要热情接待说亲者。依照塔塔尔族的风俗习惯，男方家第一次提亲时，女方不能立即表示同意或拒绝，而找借口加以推辞。说亲者要在两家之间往返几次，待女方表示同意亲事后，男方再向女方下聘礼，称为“库拉克绥云切”（听到好消息后送礼。塔塔尔人的“绥云切”是不管什么事都可以给有关人报好消息，并能得到一定的礼物）。男方家的人带着各种食品、衣料、金戒指到女方家贺喜订婚。

塔塔尔族新郎和新娘　（海扎托拉·艾尼瓦尔摄）

交送聘礼后，男方可正式登女方家的门，送给女方家一个大彩礼箱，里面装着很多东西。有送给新娘和她父母、亲属的礼物、各种布料及新郎给新娘准备的金银首饰等各种礼物。这一天，女方做好招待客人的一切准备，要请好参加开箱礼的亲戚及亲朋好友、邻居，等待客人的到来。新郎的母亲、近亲、邻居等女士一起带着箱子坐上车朝女方家赶来，箱子上一般要坐一男一女两个孩童，以示新婚夫妇早得贵子。到了女方家，女方要给两个孩童送一些礼物。男方要当着客人面开箱，先抛撒糖果，再把礼物一件一件地拿出来给宾客看。然后很热情地款待双方来客。女方对要送的彩礼不做具体要求，男方根据自己的情况给女方送彩礼。开箱礼后就标志着男女已定下媒妁之约，不能轻易变更了。随后，媒人和双方父母一起就开始商议婚期和婚礼的筹办，最后定下婚期，择日举行婚礼。

二、“嫁”新郎

塔塔尔族婚礼在新娘家举行。结婚之日女方给男方的所有亲属、女方的亲朋好友、左邻右舍发请帖邀请他们参加婚礼。结婚前几天，男方给女方送去“阿什一素”（举行婚礼那天用的饮食，犄角上系红绸的活畜等物品）。女方还要给送物品的人送礼并好好招待。塔塔尔人对男方要送的婚礼必需品不提出具体要求，计较被看成是很不道德的行为。女方家人、亲朋好友也都在为婚礼忙碌着，有的在准备婚礼宴席，有的在布置新房，伴娘则一直陪伴着新娘，帮新娘精心打扮，迎接新郎的到来。

婚礼这天，新郎家非常热闹，一大早男方家人就在为新郎的“出嫁”而忙碌着，有的在为新郎穿婚礼服，有的在做“送亲”的准备。男方“出嫁”的仪式非常有趣。这天，身着结婚礼服的新郎在伴郎及亲朋好友的陪同下，带上“嫁妆”，坐上马车，飞快地朝新娘家驶去。青年人拉手风琴，兴致勃勃地唱起塔塔尔流行歌曲“几尔”，一路上歌声、琴声、口哨声、呐喊助兴声连天，浩浩荡荡地前往女方家成亲。路上送亲的人要多次受到女方迎亲队伍的百般阻挠和戏弄，男方敬献

礼物，唱歌跳舞，才能继续前行。夕阳西下，新郎和伴郎们一行人等来到新娘家。而此刻女方家大门都紧闭着，经男方家人的一再央求，并敬献礼物后才能进去。新娘家人为迎接新郎的到来，向客人们抛撒糖果，客人们也都争抢这象征吉利的糖果。年轻人都拥到新郎新娘面前载歌载舞，以示祝贺，然后簇拥着新人走进新房。新房摆设的“女婿桌”上有各种各样的甜食糕点，还有一整块的鹅肉，一整块蜂蜜做的“tyʃ”（萨其马）等，象征甜甜蜜蜜地过一生，团结亲密地过好日子。

塔塔尔族婚礼　（海扎托拉·艾尼瓦尔摄）

结婚仪式按伊斯兰教教规进行，坐在上席位的阿訇讲解《古兰经》上关于合婚为夫妻的重大意义，让新人明白伊斯兰教结婚方面的规定，然后询问男女新人的姓名，问他们是否自愿结为夫妻，待男女双方回答“愿意”之后，再由阿訇将一杯糖水（或蜜水）送给新郎和新娘共饮，象征甜甜蜜蜜白头到老，晚上是整个婚礼过程中最热闹的时刻，来宾们唱歌跳舞，欢声笑语交织成一片欢乐的海洋。等到新婚之夜，新郎就算正式“嫁”过去了。婚礼第二天，已“嫁”到女方家的新郎要拜见岳父母，然后就一定要吃岳母专门为女婿准备的女婿馄饨。

吃完倾注着长辈无限的爱的女婿馄饨后，新郎回家举行宴会，招待前来贺喜的宾客，并举办各种娱乐活动，晚上再回到岳父家。婚后，新郎和新娘都要在女方家住一个时期，有的3个月，有的半年，有的甚至要生一个孩子后才回到男方家。

塔塔尔族对待女婿如同对待亲生儿女一样热情。在女方家居住期间，岳父、岳母要拿出上好的食品款待女婿，使女婿感到生活在女方家就如同生活在自己家里一样温暖。

当新婚夫妇回男方家时，要把新娘的嫁妆全部带走。新娘要献糖果等食品后，方可放行新娘回到丈夫家，男方亲友向新娘身上撒糖果，并举行宴会，尽情娱乐，欢迎新娘。

塔塔尔族的婚礼自始至终都贯穿着喜庆热闹的歌舞，婚礼民歌是婚礼中一定要唱的。有赞美纯真爱情，表达对新人美好祝福的，如《白天鹅进行曲》：

二十五岁英俊的小伙，
涉水来到小河边，
水深淹不了年轻人，
亲爱的人儿在身边。

阿合买提的羊羔结成群，
像白云片片绕青山，
年轻人的婚礼多隆重，
祝你们万事如意，幸福美满！

也有表达新娘父母对女儿女婿新婚的祝福以及对女儿恋恋不舍情感的，如《艾皮帕》：

今天是小女的婚礼，
亲朋好友来贺喜。
我从内心里感激，因为，
男婚女嫁是人生大喜。

走吧女儿，去和你心爱的人，
创造幸福美满的人生。
公公婆婆同样是你父母，
丈夫是你毕生的依靠。

我虽已年老，也舍不得小女离去，
但在小女的婚礼上我高兴，
我舍命也要跳上一曲！
众人都在跳，我为何不凑个热闹！

姑娘离家时唱的《哭嫁歌》，其实就是姑娘在向父母及家人诉说衷肠。姑娘声泪俱下，边哭边唱，十分感人，不少亲戚朋友也跟着流泪。歌中唱道：

亲爱的爸爸妈妈，
是你们含辛茹苦把我养大；
你们的养育之恩，
我还没来得及报答；

你们怎么这样狠心呀，
这么早就让我出嫁。

亲爱的兄弟姐妹，
我们从小在一起玩耍；
在你们的陪伴下，
我和大家一块儿长大；
如今我就要出嫁，
又怎么舍得把你们撇下；
我会时刻想着你们，
你们是否把我记挂？

我不想离开你们呀，
我亲爱的兄弟姐妹；
实在是没有办法，
狠心的爹娘非让我出嫁；
我不想离开你们呀，
我狠心的爸爸妈妈；
你们为什么赶我走呀，
我真的不想离开这个家！

婚礼中最热闹的要算是揭面纱仪式上的《揭面纱歌》，它将婚礼推向了高潮。小伙子一边弹着冬不拉，一边这样唱道：

远方的姑娘，
你离开了家乡，

嫁到了我们这里，
做了新娘。
今天我有幸为你揭开面纱，
让大家瞧瞧你的俊模样，
但你也不能太心急，
还要听我说端详。

可爱的姑娘，
你离开了爹娘，
嫁到了他乡，
做了新娘，
你要把他们记在心上，
养育之恩不能忘，
请你在这里为他们祝福吧，
快把你的问候和心意献上（新娘鞠躬行礼）。

陌生的姑娘，
你嫁到一个新的地方，
这里就是你的新家，
你又有了新的爹娘。
从今往后你就是这家的人，
侍奉公婆如同你的亲爹娘。

他们就在你的面前，
快把你的问候和心意献上（新娘鞠躬行礼）。
年轻的姑娘，

你为何那样匆忙，
撇下儿时的伙伴，
出嫁做了新娘。
你会记得他们吗？
友谊不能遗忘，
新的伙伴也在翘首企盼，
快把你的问候和心意献上（新娘鞠躬行礼）。

大方的姑娘，
你可想着你的新郎？
你即将与他同床共枕，
永远相伴共度沧桑。
两个人要一条心，
有福与他共享，
有难与他同当，
快把你的问候和心意献上（新娘鞠躬行礼）。

腼腆的姑娘，
是否嫌时间过得太漫长，
盖头蒙住了你的脸，
谁又能知道你心里怎么想？
我这就揭开你的面纱，
让你在众人面前留下好印象，
快把你的问候和心意献上（新娘鞠躬行礼）。

随后，在众人的欢呼声中，小伙子揭起新娘头上的盖头，揭面纱仪式结束。

揭面纱歌，不同的地方、不同的人所唱歌词也不尽相同，主要由每位歌手的口才、性格而定。有的喜欢开玩笑，唱起来幽默、诙谐、风趣，逗得人捧腹大笑；有的歌庄重严肃，讲授做人的道理；有的夸新娘如何好看；有的夸新郎家如何富有。总之，多溢美之词，多夸赞之语，意在烘托出婚礼热闹喜庆的氛围。

还有一些是人们即兴编唱的大吉大利的颂词和表达衷心祝愿的歌曲。整个婚礼过程都洋溢着喜庆欢乐的氛围，让人们都情不自禁地载歌载舞。这些都充分彰显着塔塔尔族活泼开朗、热情奔放的民族性格。

第二节　生育礼仪

塔塔尔族把婴儿降生视为家庭以及亲朋邻里中的一件特大喜事。按照传统习惯，除了大家都要前来送礼表示祝贺外，还要举行命名礼、摇篮礼和洗浴礼等一系列礼仪活动。摇篮礼和洗浴礼充分体现了塔塔尔民族对新生婴儿的无限呵护与关怀。同时，也反映了人们对自己民族兴旺发达的责任感。

一、命名礼仪

塔塔尔人非常重视人的姓名，其姓名称呼别具一格。姓名，在塔塔尔人看来，不但是家族的徽号、祖先的荣誉、子孙的延续，更成为自己生命中的一环，与荣誉、身份混为一体，不容有丝毫改变。

塔塔尔族一般在孩子出生后第三天，要举行命名礼仪式，传统方法是由宗教神职人员从伊斯兰教经典中取一经名作为孩子的名字，待孩子成年后，在自己的名字后面，要加上父亲的名字，然后再加上自

己姓氏的名字，这样才构成一个完整的人名。如某人叫热合曼，父亲的名字为阿巴斯，姓氏为欧斯满，那么这个人的姓名全称是热合曼·阿巴斯·欧斯满，简称可省略父名，即热合曼·欧斯满。我们从姓名中可以看出塔塔尔人源远流长、慎终追远、瓜瓞绵绵的传统文化。

塔塔尔人的名字按其内容可以分为这样几类：一类是与祖辈迁移有关的，像乌鲁木齐、伊犁等地一些男性人名后加缀“诺夫”、“夫”等，如“格拉吉丁·乌斯曼诺夫”；另一类是与伊斯兰教有关的，如“木哈买提江”等；还有一类是传统的突厥语名字，其中有以动物命名人名的，如“阿库克”（意即白天鹅），有以自然现象命名的，如“萨吾列”（光芒）等；还有一类是以新产生的术语作人名的，如“阿扎特”（意为解放）、“叶尔肯”（意为自由）、“曼迭尼叶特”（意为文化）等。

塔塔尔族孩子 （海扎托拉·艾尼瓦尔摄）

二、摇篮礼

塔塔尔族非常重视新生命的诞生，婴儿出世后第七天要举行“摇篮礼”，意即新生婴儿第一次睡进新的摇床而举行的仪式。首先外祖母要把准备好的摇床送给外孙或外孙女，并将裹好的婴儿首次放进摇床内。届时，主人家要宰羊，邀请亲戚朋友参加，被邀请到的客人（大多为女眷）都会带上礼物前来祝贺。主人会热情招待来宾，大家围坐在一起边吃边向孩子祝福，人们还唱《摇篮歌》、《迎宾歌》、《游戏歌》等。《摇篮歌》是一首优美的催眠曲，表达了母亲疼爱孩子的情感，倾诉了母亲望子成龙的期望。摇篮礼上少不了各种小礼物，除了外祖母要送给孩子的摇床、衣服、玩具等，亲朋好友也会给孩子送各种各样的小礼物表示庆贺，公公婆婆还给儿媳妇馈赠礼物。凡是参加摇篮礼的客人，都要在孩子家吃饭喝茶，唱歌助兴，祝福孩子的父母身体健康，祈福孩子健康幸福成长。直到仪式结束，大家方可告别。

三、洗浴礼

洗浴礼是塔塔尔族传统生命礼仪中的另一个古老而又特色浓郁的重要礼仪。洗浴礼一般在婴儿出生第四十天举行。这一天，孩子的父母、家人全体出动，要从 40 个不同的地方（包括邻居、亲友家）取回干净的清水汇积在浴盆里再放点盐，为刚出生 40 天的婴儿第一次正式在水中洗浴。洗浴时，主妇揉搓孩子的胳膊、身背、腿脚，轻轻地揪着鼻子，拉拉耳朵，并不断说些祝福的话语。同时，要以丰盛的抓饭和清炖羊肉热情招待前来祝贺的宾客。塔塔尔人认为，孩子沐浴了四方之水，会给孩子带来好运，以后也能够具备适应各种环境的能力，就会健康幸福地成长。

四、割礼

塔塔尔族男性的割礼是按照伊斯兰教规进行的。男孩子一般在 5～7 岁时均要举行割礼，即切男孩子生殖器外包皮所举行的一项仪式。割礼被视为一个男孩一生中的大喜事，家里要举行降重的仪式，杀羊宰牛，设宴庆祝。塔塔尔族举行割礼之前，要把孩子打扮得漂漂亮亮，做孩子爱吃的饭，请专职的主刀手进行手术，接着由阿訇念经祝福。以前的割礼，由塔塔尔族中专门从事这一职业的人到家里来施行，现在大部分在医院进行。

第三节　丧葬习俗

一、葬礼

塔塔尔族的丧葬依照伊斯兰教的教规举行，实行土葬。人去世后不分年龄性别，一律平等对待。丧葬仪式比较节俭，尸身用清水洗净，裹上白布，实行土葬，一般安葬在当地穆斯林公墓。

按照习惯，人去世后，家人和邻居老人要给去世的人整理仪容，商议丧事，派人通知逝者的亲戚朋友、街坊邻居，同时派人挖掘墓穴。然后，将逝者停放在洁净的白布单上，派人净洗逝者的尸身。逝者若是男性，则由男性为其洗身；若是女性，则由女性为其洗身。净洗前，阿訇要为逝者祈祷赎罪。净洗时从右到左，从头到脚，洗浴三遍，并用白布包裹尸体。按传统礼节，一般要在逝者尸体上放一把刀或一块石头以辟邪，然后再由逝者的男性亲友将遗体抬送到清真寺举行葬礼仪式，由阿訇主持仪式，并为逝者念经祈祷，介绍其功绩。亲人默哀服丧，男子头戴黑帽子，腰系黑布腰带。

出殡抬灵架出门时，一般先出脚后出头，然后改变方向至墓地。墓坑呈长方形，根据地形可挖直坑墓和洞穴形墓。埋葬时，由四人将尸体慢慢下墓，两人在墓内接应，头北足南面向西安葬，送葬者每人抓一把土，集中到一起放在死者的胸前，以示与遗体告别。这时，毛拉（对伊斯兰教学者的尊称）开始念诵《古兰经》，而后由逝者的子孙和亲属铲土埋葬。

二、乃孜尔

按照传统习惯，在人去世后的第三天、第七天要举行三天祭、七天祭。此后，还要举行 40 天祭和周年大祭，以表示对死者的哀悼，塔塔尔族把这种活动称作“乃孜尔”。这些悼念活动都很隆重，并且都要请毛拉念经。特别是周年祭活动更为隆重。除了修整逝者的坟墓外，还要邀请亲朋好友来参加祭祀活动。按传统礼节，如果妻子死了丈夫，一年之内，妻子都要头包黑纱巾，以示悼念。

现在在塔塔尔族聚居区域，如伊宁市等地都有塔塔尔公墓，这些公墓有的是早期由塔塔尔商会牵头，塔塔尔民众捐款修建的。每年国内的塔塔尔人以及世界各地探亲访友的塔塔尔人都要前来凭吊，诵经祈祷，以表缅怀祖先之意，并表达对政府所作努力的诚挚谢意。

第五章

塔塔尔族人口状况

第一节　塔塔尔族人口变迁

中国新疆境内的塔塔尔族主要是19世纪以后陆续从沙皇俄国的伏尔加河、卡玛河流域等地迁徙而来的。他们的迁徙经历大致可分为以下三个时期：

第一个时期是19世纪30～50年代。这个时期，俄国的资本主义工业发展很快，亟须寻找更大的市场和更多的原料。从1851年开始，沙俄与清政府签订了一系列不平等条约。迪化（乌鲁木齐）、古城（奇台）、吐鲁番、哈密等地成为俄国的自由贸易区，新疆变成了沙俄的原料供应基地和商品倾销市场。当时，俄国的塔塔尔人既精通俄语，其语言又与维吾尔、哈萨克语言相近，因此到中国新疆维吾尔、哈萨克族居住地区经商非常便利。于是一些塔塔尔族商人便常来新疆做生意，后来有些塔塔尔人就定居在新疆了。除商人外，还有一部分塔塔尔族教师、宗教职业者也迁居到新疆。

第二个时期是1905～1914年。1905年，沙皇政府残酷镇压了俄国第一次资产阶级革命，大批革命者、知识分子和工人被捕或遭到屠杀。

为躲避迫害，有一批塔塔尔族革命者及知识分子逃到了新疆，并在此定居。

第三个时期是1914年以后。第一次世界大战爆发后，一批不愿充当帝国主义战争炮灰的塔塔尔族青年流亡到新疆。十月革命后，又有一些小业主、手工业者和农民为了逃避战乱，也陆续迁到了新疆。

刚开始从伏尔加河、卡玛河流域等地迁徙而来的塔塔尔人主要集中在伊犁地区。据1892年统计，伊犁地区的塔塔尔人口有1900人①。20世纪初，居住在伊犁地区的一部分塔塔尔人开始迁居到呼图壁、昌吉县牧区经商或在哈萨克小学任教，有的迁居到独山子矿区当工人②。从俄国迁居新疆的塔塔尔族长期以来与维吾尔、哈萨克、乌孜别克、柯尔克孜等民族和睦相处，共同为新疆的发展建设做出了很大的贡献。

中国新疆境内的塔塔尔族由1892年的1900人逐渐增多。据有关资料统计，1953年，我国塔塔尔族人口为6929人。从1954年开始，一大批保留苏联国籍的塔塔尔人，根据中苏协议迁回苏联后，中国塔塔尔族人口有所减少。1957年全国人口普查时，塔塔尔族人口为4300人，1964年降至2294人。1978年全国人口普查时，塔塔尔人口增至2900人，1982年7月1日，第三次全国人口普查时，人口达到4106人。1990年第四次全国人口普查时达到4873人。2000年第五次全国人口普查统计，塔塔尔族有4890人。③ 2010年第六次全国人口普查时，塔塔尔族有3556人。

据新疆维吾尔自治区统计局公布的1998年新疆境内塔塔尔族人口分布数据，我国塔塔尔族主要分布在新疆维吾尔自治区的伊犁哈萨克

---

① 马力克·恰尼西夫．中国塔塔尔族教育史．民族出版社，2005：36.

② 塔塔尔族简史编写组．塔塔尔族简史．民族出版社，2008：14.

③ 马力克·恰尼西夫．中国塔塔尔族教育史．民族出版社，2005：2.

塔塔尔族姐妹花 （夏米西努尔·伊力克提供）

自治州、乌鲁木齐市、昌吉回族自治州等地，分别为2466人、825人、1119人，还有一些塔塔尔人散居在新疆其他地方。

第二节　走近近现代的塔塔尔人

新中国成立前，由于帝国主义、封建主义、官僚资本主义的压迫与剥削，塔塔尔人民政治上没有权利，经济落后，生活贫困。为了争取解放，塔塔尔人民与新疆各族人民一起同反动势力进行了长期的、不屈不挠的革命斗争。1917年俄国爆发了伟大的“十月革命”，在“十月革命”的影响下，塔城、伊宁的塔塔尔族职工和各族职工一起建立了职工会，坚决抵制资本家的剥削与压迫。经过初次斗争，获得了每周半天的休息权。职工会后来虽然被反动政府禁止而未能长期存在，但这一行动鼓舞了塔塔尔等民族人民的革命斗争意志。1944年9月，

伊犁、塔城、阿勒泰爆发了反对国民党统治的三区革命，塔塔尔人民同其他民族一起为三区革命事业做出了积极的贡献。

中华人民共和国成立后，经过民主改革、社会主义改造和社会主义建设，塔塔尔人民在政治、经济、文化上都翻了身。由于人口少，居住分散，塔塔尔族没有建立民族自治地方，但仍充分享受着民主权利。在历届全国人民代表大会中均有一名塔塔尔族代表。

根据我国《宪法》规定，无论全国人民代表大会，还是有塔塔尔族居住的地方各级人民代表大会，都有一定数量的塔塔尔族的代表和委员。1955 年 9 月 20 日召开的新疆省第一届人民代表大会第二次会议，共有 13 个民族 377 名代表参会，大会选举产生了新疆维吾尔自治区人民委员会，即人民政府，共有委员 37 人，其中塔塔尔族 2 人。1956 年 8 月召开的自治区人大一届三次会议增选塔塔尔族艾斯海提·斯哈库夫为新疆维吾尔自治区副主席。自党的十一届三中全会以来，各届中华全国妇女联合会、中华全国总工会及党的全国民族团结进步表彰大会、自治区各级政协都有塔塔尔族委员和代表。同时，不少年富力强的塔塔尔族干部被提拔到县级以上领导岗位，其中有 4 人担任厅局领导职务。

据有关资料统计，1949～1965 年，新疆塔塔尔族中的国家公务员副厅级以上领导干部 17 人，其中副省级以上 1 人，副军级 1 人。1980～1992 年，副厅级 5 人，其中正厅级 1 人。1996～2001 年，在职副厅级干部为 1 人。2008 年新疆塔塔尔族中有各级政协代表 10 人。2009 年新疆塔塔尔族中有各级人大代表 5 人。在党和政府的关心和培养下，塔塔尔族干部迅速成长起来了，艾斯海提·伊斯哈科夫、热合甫·阿巴斯和木拉提·谢依地等同志便是其中的优秀代表。

新中国成立后，艾斯海提·伊斯哈科夫先后担任过任新疆省政府委员，任新疆分局宣传部副部长、兼省人民政府文教办副主任，担任中共新疆维吾尔自治区委员会常委、宣传部副部长、新疆维吾尔自治区副主席，是第一届全国人大代表。他在担任新疆维吾尔自治区副主席期间，主要分管文化教育工作。为了尽快提高少数民族文化素质，每年从应届少数民族高中毕业生中选送一批优秀学生到高等学校学习，同时，又从新疆学院的应届毕业生中选送一批维吾尔族、哈萨克族学生到哈萨克斯坦共和国和乌兹别克斯坦共和国国立大学留学深造。这批学生毕业后，大部分在新疆各大院校任教，后来都成为教授、博士生导师，有的还担任了自治区厅局级领导职务。艾斯海提·伊斯哈科夫为新疆文化教育事业的发展做出了卓越的贡献。

热合甫·阿巴斯先后担任过中国共产党乌鲁木齐市委员会副书记、新疆维吾尔自治区卫生厅厅长等职，是第六、第七届全国人大代表，政协自治区第七届委员会常委和科技教育卫生委员会副主任；第四、第五、第六、第七届中国红十字会理事，新疆维吾尔自治区红十字会常务副会长，自治区人民政府参事；自治区少数民族古籍搜集、整理、出版规划领导小组顾问等。他在担任乌鲁木齐市委副书记期间，重建了第20中学（维吾尔族中学）、第36中学（哈萨克族中学）；新建了安宁渠乡北大渠维吾尔族中学；提出成立乌鲁木齐教育学院的建议，并亲自领导工程建设，解决了乌鲁木齐中学教师培训基地的问题；责成有关部门维修了乌鲁木齐市南郊农牧区几十所中小学的危房。担任新疆维吾尔自治区卫生厅厅长之后，也一直关心教育事业。在加强卫生院校管理工作的同时，为了培养能继承具有2500年历史的维吾尔医学方面的人才，填补了自治区没有相关医科学校的空白，经过一年多的努力，终于在和田市成立了“新疆维吾尔医专科学校”，不仅解决了维吾尔医学后继无人的问题，而且在促进维吾尔医院现代化，面向全国和世界方面也做出了历史性的贡献。

木拉提·谢依地，先后在新疆石油管理局地质调查处、新疆石油

学院工作，历任地球物理仪器师，新疆石油学院副院长、主任工程师、副处长，自治区职工思想政治工作研究会常务理事，中国石油企业管理协会理事，新疆石油学院党委委员、副院长兼新疆石油局职工大学校长，中国石油天然气总公司教育指导委员会委员，新疆石油学会副理事，新疆高校校报学会顾问，《西部控矿工程》编辑委员会副主任、副总编辑，新疆高教学会保卫学分会顾问等职。他先后研制出 150 伏、400 伏、800 伏电容储能式爆炸机，1964～1978 年在新疆石油地调处使用；1970 年研制成功 20 伏 150 安大功率整流器，至今仍在生产线上使用；1982～1985 年任中法准噶尔地震勘探合作中方副经理，出色完成合同规定的工作量和任务，受到新疆石油局和石油天然气总公司的好评，所获地震资料对全面了解准噶尔盆地的地质构造、开发准东油田打下了基础。同时还参加了《汉英俄维石油技术词典》维吾尔语词条的翻译、编译工作。在分管新疆石油学院行政、基建、人事和后勤工作期间，使学院工作步入正规化轨道，为提高教学质量和学院的发展做了大量的工作。他积极支持民族教学改革，身体力行，并十分重视加强民族团结的工作，热合南·阿巴斯 1983 年荣获“少数民族地区优秀科技工作者”荣誉证书，1984 年荣获新疆维吾尔自治区“民族团结模范”，1991 年荣获自治区“优秀教育世家”，1995 年荣获“社会治安综合治理先进领导”、自治区“消防先进工作者”称号。

在经济飞速发展的今天，塔塔尔人民正以崭新的姿态迈入新的世纪，同时，他们也以更加包容、兼收并蓄的精神，积极弘扬和传承塔塔尔优秀民族文化。塔塔尔这个诚挚、善良、彬彬有礼、文化素质高的民族安居于天山和阿尔泰山间，除尽全力保护母语塔塔尔语外，还努力学习维吾尔语、哈萨克语等民族语言，他们与当地的维吾尔、哈萨克等民族和睦相处，共同为建设美好的家园而做着不懈的努力。

第六章

塔塔尔族经济

塔塔尔族的先民不仅从伏尔加河流域带来了源远流长的欧洲文化，也带来了他们作为迁徙民族的善于将俄罗斯文化与移居地新疆伊斯兰文化相结合的奋发向上的追求精神。

在当代市场经济的大潮中，具有经商传统和禀赋的塔塔尔人民正发挥着应有的作用，为社会主义经济发展做出了应有的贡献。

第一节　古道悠悠商贾忙

塔塔尔族所居住的伊宁、塔城、乌鲁木齐等城市有着独特的、不可替代的地缘优势以及资源优势，是农区与牧区、汉族与少数民族的交会处。特殊的地理环境，四通八达的交通，使得丝绸之路古道商贾云集，贸易发达。

伊宁、塔城、乌鲁木齐等城市，在历史上就与俄国境内的中亚细亚地区有着民间贸易，那时塔塔尔族主要从事商贸活动，经营的商品有粮食、皮毛、铁器、茶叶、布匹、毛毡、活畜活禽、民族用品等，声名远播；还有一些塔塔尔族做行商或开设商店，也有的到农村做生意，有些甚至远至中国内地大城市设立商业机构，有的在俄国商人开

设的“洋行”里做店员、工人。

19世纪初，阿尔泰北麓的塔塔尔族和乌孜别克族劳动人民，不堪忍受沙皇俄国的残酷压迫和剥削，逃至我国新疆谋求生计，散居于伊宁、塔城、迪化（现在的乌鲁木齐市）、承化（现在的阿勒泰市）等城镇。他们大多从事商业，搞些小本经营，即在沿街设立摊点、商店、货场、货栈、库房、饭馆、旅社等，主要经营糖、茶、莫合烟、火柴、香皂、干果、铁制日用品和布匹等。还有一些商人以物易物，换取羊毛、羊皮、兽皮、牛皮，然后辗转卖给塔塔尔族行商。而行商则利用与新疆毗邻、运输便利的条件，将新疆的畜产品和来自关内的茶叶、绸缎转运到俄国的中亚细亚地区，与那里的哈萨克、柯尔克孜、俄罗斯等民族进行贸易活动。

鸦片战争后，沙皇俄国商人在新疆拥有自由贸易的特权，俄国大批商人涌入新疆，他们利用塔塔尔族会塔塔尔、维吾尔、哈萨克、乌孜别克、俄语等语言的优势，招聘塔塔尔人做他们的代理人，由此产生了一批塔塔尔商人和塔塔尔人开办的公司。如20世纪初在今乌鲁木齐的“吉祥涌”、“关兴行”“芝盛行”、“伊宁的阿尔秦公司”、塔城的“塔城商行”等都是塔塔尔人开办的。当时他们主要从事中国与俄国之间的商贸活动。十月革命后，沙俄时期在中国的不平等条约被废除，俄商在华特权被取消。这时云集在新疆的许多塔塔尔商人歇了业，把资本转入新疆，把家眷迁入伊犁、乌鲁木齐、塔城等地，并要求加入中国籍。盛世才统治新疆时期，对塔塔尔富商进行盘剥，并逮捕入狱，没收其全部财产。至此，塔塔尔族商号全部倒闭。到1942年，新疆的一切对外贸易由省土产公司垄断，禁止民间商人的贸易。因此，大批塔塔尔商人不得不弃商务农或从事畜牧业，或受雇于其他富商，做一般职员。

新中国成立后，由于对私营改造的完成，开放集市贸易，一些贸

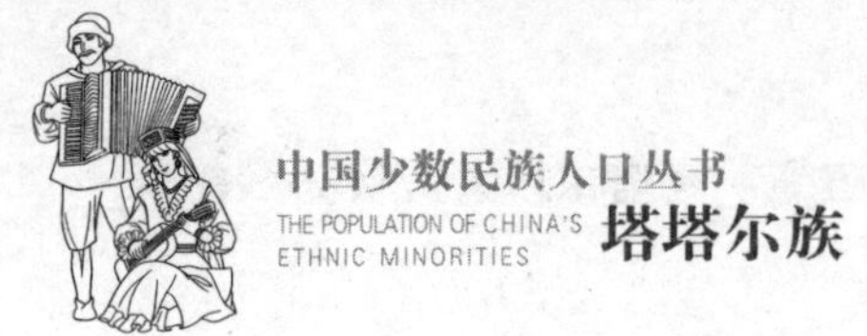

易活动开展起来了，饭馆、摊点开始营业，这对繁荣市场起到了促进作用。

党的十一届三中全会以后，中国实行改革开放国策。塔塔尔商人迎来了千载难逢的发展机遇，再一次施展其经商的才华和能力，纷纷进入流通领域一展身手。

第二节　养蜂业换新颜

塔塔尔族所居住的伊犁、塔城、阿勒泰、乌鲁木齐等地，其境内有伊犁河、额尔齐斯河、布尔津河、哈巴河、特克斯河、巩乃斯河等河流，水资源丰富，山区拥有辽阔的草场，为发展畜牧业和养蜂业提供了优越条件。

养蜂业在塔塔尔族经济中占有重要地位。养蜂业与塔塔尔族的生活环境有着非常密切的关系。塔塔尔族喜爱各种花木，他们所居住的地方，生长着丰富的蜜源植物。一个养蜂员一般可养 30～50 群蜂，获蜂蜜 3000～5000 斤，年产值可达 3000～5000 元。因此，塔塔尔族农牧民大多经营养蜂业。

塔塔尔族养蜂专业户有丰富的养蜂经验，他们特别重视采用新的养蜂方法，以不断提高养蜂技术，增加蜜产量，增加收入。他们的做法有：引进新的蜂种；重视蜂群选择；每年都要贮存越冬的足够饲料；在主要蜜源期（蜂群采蜜以贮存越冬饲料的重要时期），为蜂群提供足够的继箱（蜂群堆放采回的花蜜的一种容器）和箱体；重视蜜蜂的冬季管理。居住在天山北麓草原上的塔塔尔族，一般都有定点养蜂。每年的养蜂期从 6 月上旬开始到 10 月底，共有 5 个月时间。

塔塔尔族农牧民通过养蜂能获得多种产品，如蜂蜜、王浆、蜂蜡、蜂毒、蜂胶，这五种产品都具有很高的经济价值。

蜂蜜是中医制丸药不可缺少的原料，也是轻工业的原料之一，香烟、油墨、雪花膏、香脂、美容霜、糕点都需配有蜂蜜。王浆又称蜂乳，是工蜂分泌的乳浆，用来饲喂母蜂和幼蜂。王浆含有大量的蛋白质和很丰富的维生素，在医药上的应用范围很广。

塔塔尔人的生活离不开甜蜜的蜂蜜，养蜂业也给塔塔尔人带来了经济的繁荣，生活质量的不断提高。随着养蜂业的发展，勤劳聪慧的塔塔尔人的生活一定会比蜂蜜更甜美。

第三节　种植园里勤劳作

伊犁哈萨克自治州、乌鲁木齐市、昌吉回族自治州等地自然条件好，特别是春、夏、秋季节到处绿树成荫，禽栖鸟鸣，生机盎然，景色迷人。勤劳智慧、喜爱各种树木花草、善于经营园艺的塔塔尔人充分利用资源优势，在自己的庭院里种植各类瓜果，主要是供家人和亲朋好友食用或作自制果酱的原料。如帕孜力江老人经营的果园——伊宁县达达木图果园是全疆著名的大型果园，占地约 150 亩，异果奇花应有尽有，景色非常美丽。因而，人们给它取名为“石榴园”，并享有“别墅”之美称，为各族人民游览胜地。每年春、夏、秋季节，园内亭阁轩昂，花木妍艳，来自各地的观光游客，络绎不绝。这个果园盛产各种苹果，其中“红蒙派斯”、“斯托诺维”、“夏立蒙”等久负盛名，享誉全疆。

进入 21 世纪，塔塔尔人民迎来了千载难逢的发展机遇，目前许多地方都在努力建设集园林景观、民族风情为一体的度假胜地，炎炎夏日，游人不断，品味瓜果，尽享胜景。

第四节　城乡相兼的畜牧业

新中国成立前，在布尔津、奇台、吉木萨尔、青河、哈巴河、乌鲁木齐等地，都有一些塔塔尔族的牧业户，其中多是贫苦的牧民，他们没有牧场和草场，只有少量维持生活的牲畜。“只见风吹草，不见牛羊跑”，就是当时草原上的真实写照。

新中国成立后，政府对牲畜少或没有牲畜的牧户，根据家庭人口多少分配牲畜，鼓励牧民发展牧业生产，提高生活水平，使塔塔尔族牧民度过了贫困岁月，为发展畜牧业生产，改善生活境遇，创造了良好的条件。党的十一届三中全会以后，牧区人民的生活水平日益提高，生活环境日益改善，逐步实现了从游牧生活到城市定居生活，从住毡房到住高标准住宅等一系列的跨越式发展。科学新技术得到广泛运用，农牧民走上了科学养畜和科技致富之路，农牧民素质得到提高，畜牧业由靠天养畜向科学养畜转变，由自给自足的小农经济向商品型经济转变，由数量型经济向质量型经济转变，经营方式已由过去较为单一的牧区畜牧业类型向城市郊区畜牧业和牧区畜牧业两种类型转变。

城市郊区畜牧业的特点是：与园林相结合，并得到园林业的支持。居住在伊宁、塔城等城市市郊区的塔塔尔族，利用园林业的人工草料和青贮饲料在庭院里饲养少量的奶牛、绵羊和禽类。塔塔尔族的城市郊区畜牧业是一种典型的家庭消费经济，它不向社会和市场提供畜产品。所生产的牛奶，除作为一日三餐的饮料之外，还加工成各种各样的奶制品。供家庭本身食用，不出售。饲养绵羊和禽类也是为了满足个人家庭对肉食和蛋禽的消费。只是把羊皮、肠衣卖给畜产品收购。

牧区畜牧业的特点是：有与养蜂业相结合的形式，还有单一性的游牧经济形式。如伊犁地区新源、巩留、昭苏、霍城、伊宁等县特区

的塔塔尔牧民，一般情况下，每户人家的青壮年劳动力多从事畜牧业，而年老体弱的男女劳力多半从事养蜂业，以养蜂业的收入来补充畜牧业的投资，以不断扩大再生产。而奇台县大泉沟塔塔尔民族乡在漫长的岁月里，形成了一年四季从事游牧的畜牧业。一般由5～10户人家组成“阿吾勒”（牧区最基本的组织和生产单位）。他们把牧场分为春牧场、夏牧场、秋牧场、冬牧场，一年四季转场四次。该乡牧民牧放的牲畜主要是羊、马、牛。奇台县大泉沟塔塔尔乡的广大牧民，在经营牧区方面，积累了丰富的经验，主要表现在重视选择特良品种。具体做法：一是大量繁殖新疆细毛羊和阿勒泰羊。新疆细毛羊是经过对新疆绵羊进行杂交改良而育成的新品种；二是加强哈萨克马畜产品的开发与生产；三是繁殖哈萨克牛和中国黑白花牛。新疆对外开放以后，民族乡调整了畜群结构，强化经营管理，树立发展商品经济的观念，大搞牧畜产品的开发与生产，有力地促进了草场和牲畜的协调发展，使农牧民的生活条件得到了根本改善。

在发展畜牧业经济中，塔塔尔族阿合塔木·谢力甫、沙塔尔·沙力赫、鲍热增和哈米提·哈克米等许多同志做出了积极的贡献。

在党和政府的亲切关怀下，在塔塔尔人民的不懈努力下，人民生活水平有了很大的提高。据有关资料显示，新疆塔塔尔族年人均收入2000元，城市居民为5645元，牧民为1618元；到了2008年城市居民年收入为12 500元，牧民为3500元。增长幅度城市居民为221%，牧民为216%。“百尺竿头更进一步”，塔塔尔人民会以此为契机，紧紧抓住改革开放和西部大开发的历史机遇，继往开来，不断前进。

第七章

民族发展　教育先行

塔塔尔族人口数量不仅在新疆维吾尔自治区世居的穆斯林民族中人口最少，也是中国55个少数民族中人口较少的民族之一。但这个人口数量不多的民族，却创造了举世瞩目的成绩。根据2000年第五次全国人口普查资料，塔塔尔族平均受教育年限较高。

塔塔尔族有“两多一无”，“两多”是指专家多、教师多；“一无”是指整个民族没有文盲。塔塔尔族虽然人口数量不多，却是一个知识分子云集的民族，他们中的高级知识分子就有350人左右，占总人口的7%。这在中国的56个民族中，所占比例是最高的。塔塔尔族人喜爱的职业有两种，一是教师，二是医生。几乎在各级、各类学校中，都有塔塔尔族人任教员。有的塔塔尔族家庭，人人是教师，是名副其实的“教师之家”。他们大多数都奋战在教育战线上，为新疆民族教育事业的发展贡献了自己的力量。

翻开新疆教育的历史画卷，是一部写满了中国塔塔尔族教育不朽风云的篇章。早在19世纪末20世纪初，塔塔尔族就在伊宁、塔城等地开办了一些宗教学校，学校里开设有语文、算术等文化课。1910年，塔塔尔族在新疆建立了第一所具有现代教育色彩的新型学校——“曙光学校”。1915年，在曙光学校的基础上，塔塔尔人又创建了新

疆历史上的第一所女子学校，打破了女子不能上学的陈旧观念。1949 年创办了伊宁塔塔尔学校，这是新疆建立最早的少数民族新型学校之一。

新中国成立后，随着新疆维吾尔自治区的成立，塔塔尔族的教育事业步入新的发展时期，特别是改革开放以来，塔塔尔族教育的发展更是日新月异，下面的数据就是最好的实例①。

塔塔尔族女性　（海扎托拉·艾尼瓦尔摄）

20 世纪 80 年代，新疆塔塔尔族每万人中高校在校人数为 79.5，各民族平均数为 11.3；到了 1995 年塔塔尔族迅速上升到 164.3，而各民族平均数才为 27.5。20 世纪 80 年代，中专学校在校人数塔塔尔族为 31.8，各民族平均数为 33.7；1995 年各民族平均数为 42.7，塔塔尔族则为 80.9。20 世纪 80 年代，高中生各民族平均数为 117，塔塔尔族仅为 77；但到了 1995 年各民族平均数为 88，塔塔尔族一跃为 188.1。20 世纪 80 年代，塔塔尔族初中生和小学生在校人数分别为 348、817，各民族平均数分别为 538、1637；1995 年塔塔尔族初中生上升为 454.8，小学为 1033.6，各民族平均数分别为 379、1371.3。

---

① 根据第四次、第五次全国人口普查资料。

随着经济的迅速发展，塔塔尔人受教育的人数也在快速增长，以1990年、2000年为例，新疆塔塔尔族每万人中各种文化程度数量为：大学（含大专）：1990年是287人，2000年则为1240人；高中（含中专）：1990年为536人，2000年增加到1043人；初中：1990年是1088人，2000年又增加到1233人。

这些数据充分说明改革开放以来，塔塔尔族教育事业所发生的翻天覆地的变化。重视教育、崇尚知识使得塔塔尔这个优秀的民族熠熠生辉。

一、民族教育的先行者

塔塔尔族知识分子，由于他们大部分比新疆本地的知识分子较早地接触到现代文化教育，更由于他们有推广科学文化知识、发展教育事业的热忱和愿望，他们首先吹响了新疆新式文化教育运动的号角，因此被誉为新疆“教育明灯的点燃者”、“教育振兴的启蒙者”，他们是当之无愧的。

19世纪末20世纪初，新疆的发展十分滞后，新疆各民族的政治、经济、文化教育等各项事业基本上处于中世纪发展水平。在一些学校内，采用的仍是旧式教学法。19世纪末到20世纪30年代初，在有志于发展民族教育事业的塔塔尔族知识分子的影响下，乌鲁木齐、伊宁、塔城等地的塔塔尔、维吾尔、哈萨克、柯尔克孜各族群众掀起一场轰轰烈烈的教育改革运动，即将伊斯兰教经文为主的“经文学校”改为讲授现代文化知识的学校“科学学校”的新式教育运动。这场新式教育运动，对推动新疆文化教育的发展产生了深远影响。在塔塔尔族知识分子的引领下，新疆各族人民步入了接受现代文化教育的新时代。

伊犁是塔塔尔族较为集中，也是塔塔尔族教育较早得到发展的地区。早在1885年，塔塔尔族进步人士夏尔甫丁·哈比托夫阿吉就在拜图拉清真寺旁修建了一所有4间教室、10间宿舍的寄宿制学校——

“凯什菲亚”学校。凯什菲亚采用了一部分来自俄罗斯喀山地区的铅印教材，即新式教学法的教材。几年后，伊犁地区的塔塔尔族在引进俄罗斯新式教材和工具书的同时，还聘请俄罗斯境内的塔塔尔族教师到新疆任教，逐渐引入了“新式教学法”。

塔塔尔族孩子　（夏米西努尔·伊力克提供）

在伊犁塔塔尔族知识分子的影响下，新疆其他塔塔尔族集中地区也纷纷办起了新式学校。1910年，塔塔尔族商人吾买尔阿吉·阿不都林在塔城开办了“吾买尔亚”学校，起初，学校只招收新疆各族男学生，后来也招收了一批女生，成为新疆第一所男女混合学校。1912年，乌鲁木齐的塔塔尔族群众将诺盖伊清真寺改造成诺盖伊学校，从俄罗斯喀山聘请了塔塔尔族知识分子孜乃吐拉任教。

这些采用新式教学法的塔塔尔族学校，以教授现代文化课为主、宗教课为辅，在经费来源、学制、教学内容等方面与旧式的经文学校相比有很大的不同。办学经费主要以群众赞助为主，对于那些家庭困难的学生，学校不但免收学费，还给予一定的经济补助。在教学组织上，塔塔尔族学校采用的是现代教学方法。在学习现代科学文化知识的同时，学校还十分重视对学生德、智、体等方面的培养，通过讲解宗教教义、本民族进步学者作家的作品对学生进行道德和爱国教育。

塔塔尔族青少年　（吾米提·瓦里夫摄）

这一时期，涌现出很多热心教育、积极捐资助教、倡导办学的有识之士，伊宁市塔塔尔族进步商人法则力江·玉努奇就是其中的代表，他曾为塔塔尔族教育事业做出很大的贡献。1925 年，法则力江·玉努奇立下遗嘱，将遗产的 1/3 捐献给塔塔尔族教育事业。他去世后，家人按照他的遗愿，将卖掉几处房产和 300 多只羊得来的款项连同一些黄金捐献给塔塔尔族寺产委员会，作为教育基金使用。在他的带动下，社会各界出钱出力，大办教育。正是有许许多多像法则力江·玉努奇这样热心民族教育事业的助学者，塔塔尔族文化教育事业的发展才有了雄厚的群众基础和物质基础，正如塔塔尔族群众中流传的那句话：

“只要有塔塔尔人生活的地方，就一定有学校。如果没有学校，塔塔尔人会去创办一所学校。”

1933～1942 年，是塔塔尔族教育事业发展比较快的时期。1934 年，塔塔尔族文化促进会在迪化成立，伊宁、塔城等地也成立了分支机构。促进会不仅开办了许多塔塔尔族学校，而且开展扫盲运动，提高劳动人民的文化素质。在发展本民族教育事业的同时，塔塔尔族还为促进兄弟民族的教育事业发展做了大量工作。有许多塔塔尔族知识分子在新疆各地的维吾尔族学校中任教，培养了大批人才。

新中国成立以来，塔塔尔的教育得到了前所未有的发展。如今，在塔塔尔民族中，浓厚的教育氛围已经形成，全新的教学理念逐步确立，中小学教学质量稳步提高，每年升入高等院校的学生不断增多，人们重视教育、关心教育、参与教育的积极性空前高涨，涌现出了众多享誉国内外的教育家和学者。

阿不都拉·阿巴斯教授　（阿不都拉·阿巴斯提供）

阿不都拉·阿巴斯，1951 年 10 月 10 日生。教授，博士生导师。全国“五一劳动奖章”获得者，全国模范教师并教育系统劳动模范，新疆维吾尔自治区有突出贡献的优秀专家，新疆维吾尔自治区优秀教师，新疆维吾尔自治区师德先进个人，国家教育部“优秀教材一等奖”获得者。第十届和第十一届、第十二届全国人民代表大会代表，中国共产党新疆维吾尔自治区第六届党代会代表并主席团成员。新疆大学优秀硕士生导师，新疆大学先进科研工作者，新疆大学“全国大学生挑战杯”优秀指导教师，新疆大学本科生毕业论文优秀指导教师，新疆大学优秀共产党员。

他在普通的教学第一线度过了 30 多个春秋。从 1976 年任教至今，他在平凡的教学工作岗位上给 120 多个班次的民汉本科生、研究生和博士生讲授了生物学技术、资源生物学、植物解剖学、植物形态学等十多门专业课程，取得了很好的教学效果；他带学生进行野外实习和野外考察有 106 次；他指导 156 名本科生、硕士和博士研究生的毕业论文，其中有多篇毕业论文获得各级部门的优秀毕业论文奖。

阿不都拉·阿巴斯从 1998 年获得研究生导师任职资格以来为国家培养了 59 名博士和硕士研究生，现正在培养 12 名博士和硕士研究生。他作为新疆地衣学科的主要奠基者，填补了新疆地衣资源研究的空白，为新疆地衣学的发展做出了自己应有的贡献。

阿不都拉·阿巴斯 1990～2012 年连续 11 次获准国家自然科学基金项目，获准国家基金委国际合作交流项目 6 项，国家科技部重点项目 1 项，新疆科委自然科学基金项目 2 项，新疆教育厅自然科学基金项目 1 项。

他编写及正式出版的高等学校教材、研究性专著和科普性著作共 7 部。他在美国《哈佛大学植物学报》、美国《真菌分类学报》、美国《生物学文摘》、《植物生态学报》等 SCI 收录和核心期刊上共发表 150

多篇研究性文章。

2000 年以来成功地承办了 4 次国内外大型会议。1984 年至今参加了 29 次国际会议及全国性会议，多次在会议上做大会报告及小组报告，特别是 2001 年 9 月参加在西班牙巴塞罗那召开的世界第四届国际地衣协会会议时所做的大会报告，受到来自 100 多个国家和地区地衣学家的热情好评。世界地衣协会主席 Teuvo Ahtishuo 评价，阿不都拉·阿巴斯教授的大会报告初步填补了世界地衣学领域中天山、阿尔泰山及昆仑地衣研究的空白。

二、重视女性教育

尊师重教的塔塔尔族从民族的整体素质出发，非常重视女性的教育，认为母亲是孩子的第一任教师，甚至是终生的楷模，一个没有文化、没有教养的母亲，很难培养出有文化、有教养的后代。塔塔尔族著名的教育家哈布杜拉·布宾认为，一个母亲如果是文盲，她是培养

塔塔尔族女性　（吾米提·瓦里夫摄）

不出有用的人才的，所以母亲首先要接受教育。因此女子必须要接受教育，所有的女子必须上到中学毕业。老一辈的人还认为，男孩可以不上学，可是女孩子必须要上学，这倒不是因为他们“重女轻男”，而是他们觉得，男孩子长大了可以凭借自己的一身力气养家糊口，可是女孩子不一样，她们没有力气，更重要的是她们要承担教育塔塔尔族后代的艰巨任务，因此作为母亲一定要有知识。

塔塔尔族重视女性教育的传统由来已久，早在1910年，塔塔尔族就在新疆建立了第一所具有现代教育色彩的新型学校——“曙光学校”；1915年，在曙光学校的基础上，塔塔尔人又创建了新疆历史上第一所具有一定规模的女子学校，除讲授语文、算术、天文、体育、音乐、宗教知识等课程外，学校还教授女学生刺绣、缝纫等技能。这两家学校的开办，是具有划时代意义的大事。它结束了当地只有伊斯兰经文学校，而无现代学校的历史，打破了女子不能上学的陈旧观念。当时所开办的女子学校还聘请了喀山著名的教师哈不都拉·波比和他的妻子海迪且来任教。他们来到学校后，积极投身到办学教学之中，

塔塔尔族女孩　（海扎托拉·艾尼瓦尔摄）

并在塔塔尔族群众中广泛宣传女子受教育的重要性，并要求女生统一着装。在这所学校里就读的，除塔塔尔族学生外，还有维吾尔、哈萨克、柯尔克孜等民族的学生。这所女子中学在新疆乃至俄罗斯境内产生了巨大影响，培养了许多进步的女性知识分子，为新疆各族妇女争取妇女解放运动和推翻封建独裁专制的斗争以及为日后新疆各民族的教育事业发展都做出了重大贡献。

由于塔塔尔族一直重视女性教育，因此塔塔尔族男女教育水平之间的差距不是很大，女性受教育的程度和比例都明显高于其他民族。在文化教育战线有许多有影响力的女同志，拉西达、哈力达·沙菲尼、热孜娅·艾里娃、马尔甫娃·阿巴斯、热娜·阿克姆里纳、热依汗·别克米提娃、祖力菲娅·夏克尔、夏木斯亚·外力也娃、库尔班布维·沙迪克娃、克拉拉·阿巴斯、玛依拉·别克羌塔也娃、马合甫扎·艾合买提希娜、夏米西努尔·伊力克和毛丽哈·艾合买提等便是她们中的佼佼者。

三、家庭教育——传承民族文化之本

人的教育是一项系统的工程。这项工程包括家庭教育、社会教育、集体（托幼园所、学校）教育。这三者相互关联且有机地结合在一起，相互影响、相互作用、相互制约。而在这项系统工程之中，家庭教育是一切教育的基础。家庭教育是教育人的起点和基点。而家庭教育的重点是以品德教育为主，培养孩子良好的道德品质是以养成良好的行为习惯为主。行为习惯包括生活习惯、劳动习惯、学习习惯等，教会孩子如何学“做人”。

家庭教育由于发生在家庭之中，与学校教育、社会教育相比较，具有早期性、连续性、权威性和及时性等特点，这些特点使家庭教育成为教育人的起点与基点，具有其他教育所没有的优势。因此，家庭

教育在传统文化和道德的传授中起着重要的作用。

塔塔尔族认为家庭是儿童生命的摇篮，是人出生后接受教育的第一个场所，家长是儿童的第一任教师，即启蒙之师。因此他们非常重视家庭教育。这一教育思想普遍存在于每一个家长的意识之中。塔塔尔族的家庭教育主要包括以下几项内容：

日常生活常识的教育。生活在新疆的塔塔尔人，多数仍然从事农牧业，而且住得相当分散，日常生活常识绝大部分都是来自于父母的言传身教。如掌握自然知识和植物、矿物、野生动物的属性；在田野地头，哪些东西可以吃，哪些东西不能吃。在生活习俗方面，更是通过家庭，经由父母的言传身教而传授给下一代。如家长经常告诫孩子们，对长者要尊敬，对待客人要有礼貌；对于一些禁忌，也是通过家庭教育一代代传承，如不准吃猪肉，禁食动物血，与人吃饭和交谈时不能掏耳朵、打哈欠、吐痰等。

品行教育。品行教育是塔塔尔人家庭教育中重要的一课。这种教育是在有意和无意、计划和无计划、自觉和不自觉之中进行的，不管是以什么方式、在什么时间进行教育，都是家长以其自身的言行随时随地地教育影响着子女。这种教育对孩子的生活习惯、道德品行、谈吐举止等都在不停地给予影响和示范，其潜移默化的作用相当大，伴随着人的一生。在要求孩子做到的同时，家长自己首先要做好。因此塔塔尔族家长在对孩子进行品行教育的同时，也不断地规范着自己的言行。塔塔尔族非常重视对子女的为人处事教育。如他们对子女从小就进行文明礼貌的教育。他们教育孩子无论是熟悉的还是不熟悉的客人，都要盛情款待；兄弟姐妹之间要团结友爱，不争吵，不打架；鄙视偷盗，认为那是最不道德的行为等。

生产劳动技能的教育。这种教育，主要是向子女传授与本民族生存和个人生存发展息息相关的生产劳动的常识和技能。男孩子除了学

塔塔尔族女性在做手工刺绣

（吾米提·瓦里夫摄）

会骑马以外，还要随父亲去学习如何放牧、看牲口、学会使用马绊子、马嚼子、马鞍等备马的要领，要努力学习和掌握套马的本领等。女孩子要学会熬茶做饭、挤牛奶或羊奶、手工制作奶制品，此外，也要学会做针线活儿，以及手工纺毛线等。这些劳动技能一般都是在与他们的父母共同劳动的过程中逐步掌握的。

母语传承的教育。众所周知，语言是交流的工具，是人类文明最初的记忆，是地方文化的活化石。一个民族的智慧、技艺、宗教、风俗、医术、传说等都深深地蕴藏在他们的母语里。每一种语言，都是一个民族灵感的源泉、创造力的钥匙以及文明的传承载体，失去一种语言就意味着断送一种文明。新疆伊宁市有一位 72 岁的塔塔尔族老人伊力亚尔，为塔塔尔族民族教育事业奋斗了一辈子，他虽头发花白，背稍稍有点驼，但老人身上散发出的那种儒雅的气质令人肃然起敬。现在老人退休了，但他仍在写诗歌、谱曲、作词，他写的很多歌曲在塔塔尔族中间广为传唱。老人非常重视塔塔尔语言的保护和传承，他认为，保护和传承母语的最佳场所就是家庭，他的家人也深受其影响。老人的妻子是乌孜别克族，他们有一个女儿和一个儿子。为方便教育子女，妻子也学会了塔塔尔语。伊力亚尔要求家人在家里都必须说塔塔尔语。伊力亚尔的女儿伊丽菲拉很有语言天赋，她能说塔塔尔语、汉语、维吾尔语、哈萨克语、俄语、英语等语言。她谈起自己学习塔塔尔语的经历时说："在家里，妈妈、爸爸要求我和他们讲话必须用塔塔尔语。"塔塔尔人中有许多人像伊力亚尔老人一样，对母语怀有浓厚的情感，对母语的认同意识以及民族归属意识都非常强烈，他们既鲜明地保留着本民族的信仰与文化传统，又善于与当地文化氛围相适应。因而才使本民族的传统文化得以继承和流传，而且对世居新疆的其他少数民族产生了深刻的影响。

参考文献

[1]《塔塔尔族简史》编写组．塔塔尔族简史．民族出版社，2008

[2] 新疆维吾尔自治区对外文化交流会．塔塔尔族民俗文化．新疆美术摄影出版社、新疆电子音像出版社，2008

[3] 新疆社会科学院民族研究所编．新疆简史．新疆人民出版社，1980

[4] 新疆维吾尔自治区塔塔尔文化研究会．新疆塔塔尔族社会历史调查资料（维吾尔文版）

[5] 耿世民．新疆文史论集，中央民族大学出版社，2001

[6] 陈永龄．民族词典．上海辞书出版社，1987

[7] 周建华，郭永英．塔塔尔族．民族出版社，1993

[8] 周建华，热合甫·阿巴斯．中国塔塔尔族．黄河出版传媒集团、宁夏人民出版社，2012

[9] 周建华，周泓．中国民族人口·塔塔尔族人口．中国人口出版社，2006

[10] 周建华，热娜·阿克姆里纳．塔塔尔语言分布和发展趋势．北京语言大学出版社，2002

[11] 马力克·恰尼希夫．中国塔塔尔族教育史，民族出版社，2005

[12] 阿布都拉·阿巴斯．塔塔尔族糕点的家庭烤制（维吾尔文版）．新疆人民出版社，1998

[13] 张巨成，杨志刚．塔塔尔族．云南大学出版社，2004

[14] 周建华．中国塔塔尔族人口规模的变迁和人口分布现状．辽宁大学学报，2003(2)

[15] 周建华．新疆塔塔尔族文化构成分析．新疆地方志，2004(2)

[16] 周泓．塔塔尔族对近代新疆经济文化发展的作用．新疆社科论坛，1993（1）

[17] 周泓．新疆塔塔尔族历史来源．西北民族学院学报，1994（4）

后记

近两年的收集整理、撰写修改，数易文稿，《中国少数民族人口丛书·塔塔尔族》一书终于编写完了。付梓之日，我们为做了一件实事而倍感欣慰。

塔塔尔族是我国新疆特有的一个少数民族，人口虽少，却历史文化悠久丰厚，风土人情独具特色，教育英才济济，文化成果累累，将这样一个优秀民族的民族渊源、千古沧桑、勤劳聪慧和文化魅力展示给世人，是我们义不容辞的责任。《中国少数民族人口丛书》出版定位标准高、质量高，整套书要求文风严谨鲜活，图文并茂。我们为能参加这样一个重大项目而感到非常荣幸，同时也感到肩上的责任沉甸甸。但我们依然坚韧前行，锲而不舍，诚望能通过自己的努力使本书具有一定的学术性、实用性、资料性，从而为保护和弘扬塔塔尔民族文化贡献自己的一份力量。

《中国少数民族人口丛书·塔塔尔族》的编写是一项艰苦复杂的工作，在编写过程中也遇到了不少困难：塔塔尔族人口少，居住又较为分散，加之我们的编写水平有限，因此给我们收集文字和图片材料等都带来了一定的困难。非常幸运的是，许多塔塔尔族朋友得知我们要撰写这本书稿时，给予我们大力支持和帮助，吾米提·瓦里夫等朋友纷纷为我们提供文字和图片材料，他们还在时间紧、任务重的情况下，亲自深入到塔塔尔人家里、商店、餐厅等地进行实地拍摄照片，他们说："你们为宣传塔塔尔族文化做出了贡献，我们衷心感谢你们！也祝愿《塔塔尔族》一书能早日问世。"一席话情真意切！我们深知，既是鼓励，更有鞭策！

《塔塔尔族》一书能得以顺利撰写完成，离不开出版社领导和编辑的精心策划、具体指导和辛苦付出，他们拟定编纂体例，帮助作者解决各种疑难问题，特别是本书编辑何军多次与我们沟通协商，调整篇目，修改文字，并提出了继续升华的许多宝贵意见，为本书的早日出版付出了辛勤的劳动，值此谨致谢忱！

在本书即将付梓之际，我们还要感谢许多前辈良师、同辈益友，他们的关心和支持使我们倍受鼓舞，成为我们克服困难、不断奋笔疾书的巨大动力。这些都令我们难以忘怀，在此谨向帮助和支持我们的所有朋友致以衷心的感谢！

与塔塔尔族悠久丰富的历史和灿烂夺目的文化相比较，我们仅仅是尽了自己的一点点绵薄之力，限于水平，挂一漏万肯定很多，错误和不足在所难免，敬请广大读者批评指正。

马尔甫娃·阿巴斯

苗东霞